# Menos miedos, más riquezas

Juan Diego Gómez Gómez

# Menos miedos, más riquezas

## Para qué caminar, si puedes volar

PAIDÓS EMPRESA

Obra editada en colaboración con Editorial Planeta Colombiana, S.A. – Colombia

Diseño de portada y colección: Departamento de Diseño Editorial, Editorial Planeta Colombiana

© 2017, Juan Diego Gómez Gómez

De todas las ediciones en castellano,

© 2017, Editorial Planeta Colombiana, S.A.

Derechos reservados

© 2017, Ediciones Culturales Paidós, S.A. de C.V.
Bajo el sello editorial PAIDÓS M.R.
Avenida Presidente Masarik núm. 111, Piso 2
Colonia Polanco V Sección
Delegación Miguel Hidalgo
C.P. 11560, Ciudad de México
www.planetadelibros.com.mx
www.paidos.com.mx

Primera edición impresa en Paidós Empresa en Colombia: abril de 2017
ISBN-13: 978-958-42-5752-9
ISBN-10: 958-42-5752-8

Primera edición impresa en Paidós Empresa en México: mayo de 2017
Sexta reimpresión en Paidós Empresa en México: abril de 2019
ISBN: 978-607-747-359-6

Impreso en los talleres de EDAMSA Impresiones, S.A. de C.V.
Av. Hidalgo núm. 111, Col. Fracc. San Nicolás Tolentino, Ciudad de México
Impreso en México – Printed in Mexico

A mis hijos; para que nunca sus miedos
sean de mayor tamaño que sus sueños

# CONTENIDO

# INTRODUCCIÓN Y REFLEXIONES INICIALES

———

El miedo a la oscuridad hizo que inventáramos la bombilla; el miedo a la enfermedad hizo que descubriéramos la medicina; el miedo a la soledad hizo que buscáramos compañía. ¿Ves cómo el miedo es una poderosa fuente de progreso?

**"** Señores y señoras, estamos atravesando una zona de turbulencia; favor de regresar a sus asientos y ajustar sus cinturones". ¿Les suena conocido? Sí, claro, son las palabras del capitán de un avión en pleno vuelo. Voy rumbo a dictar una conferencia y afuera las condiciones climáticas no son las mejores para un vuelo tranquilo y sin sobresaltos; sin embargo, para mí ese momento es el mejor para inspirarme y pensar en lo que puedo hacer con esta experiencia.

El avión se sacude una y otra vez, las montañas rusas que tanto me gustan vienen a mi mente, mientras que mis vecinos de puesto ponen cara de terror. Me ilumino y pienso: ¿qué es lo peor que puede pasar aquí? Dos escenarios emergen: en el primero, nada pasa, el clima mejora, la pericia del piloto permite sortear sin contratiempos el *impasse* y Dios recuerda que en este avión seguramente hay muchas personas con propósitos de vida por cumplir. Si ese primer escenario es el que llego a vivir, pienso, más vale que ponga mi cuerpo y mi mente en lo que yo llamo "modo nevera", es decir, frío, imperturbable, que viva el momento y que me visualice incluso dando una conferencia en la que digo que, ante tales circunstancias, me relajé y disfruté, pues estuve siempre seguro de que nada pasaría.

Así, con eso en mente, mi versión final de esa primera posibilidad sería aún más épica: "he aquí a una persona que dentro de un avión meciéndose a más de tres mil metros de altura no se alteró, no se inmutó, es más, disfrutó de lo que ocurría". Esta versión de lo que hubiera podido pasar me gusta, lo reconozco, pero no puedo evitar imaginar el otro escenario.

En esta segunda posibilidad, el piloto a pesar de sus esfuerzos no consigue controlar la nave y el avión se parte en pedazos, contra una montaña, el mar, o qué sé yo, contra cualquier cosa que nos produjera la muerte inmediata a mí y a los demás pasajeros. Si eso pasara, pensaba, ¿para qué me iba a preocupar más, si tras morirme, ya no iba a tener nada de qué preocuparme? La muerte señalaría el final de todo. De manera que no había otro camino que vivir la turbulencia, sin saber cuál sería su desenlace, con intensidad y sin pensar más allá que en el momento presente.

Recuerdo que, en efecto, a mis hijos les dije que la turbulencia equivalía a una fascinante montaña rusa en un parque de diversiones. Lo hice la primera vez que la vivimos juntos en medio de un vuelo. Puse cara de estarme divirtiendo, nada lejos de la realidad, ya que personalmente la disfrutaba; después, cuando en un vuelo tranquilo ya no había turbulencia, ellos la añoraban y la reclamaban.

De cada quien depende cómo se viven las circunstancias de la vida y en una como esa, en la que no tienes el control, lo que pienses al respecto te podrá hacer sentir más o menos tranquilo. Al final de la anécdota, y por fortuna, el primer escenario se impuso y llegamos con vida a nuestro destino.

Como asesor, tengo encuentros presenciales y por Internet desde hace muchos años con personas de todo el mundo. He podido escuchar testimonios de muchos orí-

genes y en todos ellos hay algo que surge con mucha frecuencia: los miedos. Estos se disfrazan de mil maneras,
pero en todos los casos pregunto: ¿qué es lo peor que podría pasarte si aquello a lo que temes ocurre? Las respuestas son muy variadas, por cierto, y ante cada una pretendo
mostrar una realidad que sea grata, sin importar cuál sea
el desenlace. A esas personas les digo, por ejemplo: ¿tú sabes que si no hubiera tenido la fortuna de ser despedido
de un empleo que no disfrutaba, no estaría hablando aquí
contigo? ¿Tú sabes que de no haber fallado en cada uno
de los primeros diez negocios que hice en el mercado Forex en el 2004, no habría sido tan exitoso como lo fui del
2005 al 2008? ¿Sabes que si no hubiera sido por la brutal
turbulencia que viví a bordo de un avión, quizás no me habría inspirado para empezar a escribir *Menos miedos, más
riquezas*? Si de todas maneras gané, y ten presente que te
estoy incluyendo resultados que en apariencia no son favorables, como un despido, una pérdida económica y una
turbulencia, ¿de qué te preocupas si igual puedes ganar
con cara o con cruz, con un resultado o con otro?

Ya intuyes de lo que hablo: recomponer el contexto y
ver las cosas de una manera diferente, temas que abor-
do en mis conferencias y que expuse en mi anterior libro,
*Hábitos de ricos*. Esto lo aprendí gracias a la Programación Neurolingüística (PNL) y desde entonces asumo más
riesgos, aprovecho cada cosa que me pasa, incluso si en
apariencia no sale bien o no es positiva para mí, disfruto
del miedo si se presenta y produzco dinero con él. Verás
en este libro cómo hacerlo también y aspiro a que se convertirá en algo normal en tu vida, en un hábito. En otras
palabras y me disculpas la falta de modestia, llegaste al

lugar correcto; a uno de esos libros en los que quiero dejar mi piel en el ruedo para que te cambie la vida. "¿Y no te da miedo, Juan Diego, poner la vara tan alta, subir tanto el listón diciéndonos eso?", me preguntarán algunos lectores. No me da miedo, en absoluto; si no subes tú mismo la altura del listón, ¿cuál sería el incentivo para superarlo? Me he fijado una meta alta en este libro y la cumpliré para que pierdas el temor tú mismo de superar y fijar siempre metas más ambiciosas.

Recuerdo como si fuera ayer el momento en el que, casi sin saber nadar, me deslicé por un inmenso tobogán hacia una piscina. Una vez en el agua, no logré nadar y me estaba ahogando; la orilla parecía quedar a kilómetros de distancia. Todavía lo recuerdo y tengo la sensación de la falta de aire; por fortuna, alguien, como si fuera un ángel, me empujó hacia la orilla. Nada pasó al final y hubo algo que quedó tatuado en mí para siempre. No fue el miedo al agua o a los toboganes lo que se imprimió en mi memoria, sino que, a la larga, no pasó nada. Y esta sensación de que, tras enfrentar situaciones amenazantes en la vida, nada pasa, o nada es tan negativo como lo crees en el momento, es una idea determinante en lo que quiero compartir contigo.

Más tarde, teniendo doce años, volaba con mi familia desde Ciudad de Panamá hacia la isla de Contadora, en el océano Pacífico; un viaje en una avioneta, que usualmente tardaba cuarenta minutos, se transformó en una pesadilla de casi dos horas cuando, tras superar una infernal tempestad que por poco parte el aparato en dos, debimos regresar hasta el aeropuerto de origen. Nos esperaba un carro de bomberos y todos los protocolos de seguridad aeroportuaria. Luego, al cabo de unas horas, volvimos a volar hacia nuestro destino final. Sí, repetir el mismo trayecto, ya con mejor clima, pero cargando con el recuerdo del primer intento. Nada pasó, de nuevo. Vivimos para contar la historia.

A finales de los años ochenta en Colombia vivíamos una situación extremadamente compleja y violenta causada por el narcotráfico. Cualquier día de la semana, en los lugares más frecuentados, zonas residenciales o escolares y sin aviso previo, podía explotar un carro bomba. En este contexto, ocurrió que a pocos metros de la casa donde vivía con mis padres en esa época (y aún soltero) estalló una carga de dinamita de tal poder que me hizo levantar de la cama, literalmente, y con la onda explosiva volaron en mil pedazos todas las ventanas. Aún aturdido, fui a ver cómo estaban mis padres. Los encontré levantándose, confundidos y sin saber qué había pasado. En cuestión de segundos vimos que mi madre tenía un inmenso pedazo de vidrio cerca de su yugular, a milímetros de su piel. Una situación extrema que nos confrontó con la vida y de la cual sobrevivimos. Y aquí estoy escribiendo.

Agosto de 2011. Vamos en nuestro carro mi esposa, mis hijos y yo un día domingo y me detengo en un semáforo. Dos motociclistas se acercan súbitamente por el lado izquierdo del vehículo y con un gesto amenazante y enseñando un arma me obligan a bajar completamente la ventanilla; luego me dicen que apague el vehículo; el que estaba en la parte de atrás de la moto me pone un revólver en la cabeza y ordena: "entrégame el reloj". Sin dudar, me quité un hermoso reloj que había comprado con mi esposa en un viaje que hicimos para celebrar nuestro aniversario. Acto seguido, el asaltante le dice a ella: "señora, el reloj suyo también". Los niños, sentados en la parte de atrás, preguntan qué pasa con voz de angustia y confusión. Todo sucede muy rápido. Los hombres se llevan los relojes y yo, aparte de impotencia, no siento absolutamente nada; estaba controlado, impertérrito, respirando a un ritmo normal, lo que me producía en el fondo una fugaz felicidad.

Mi familia estaba a salvo, todos estábamos con vida, lo más importante por cierto, y de inmediato viene a mi cerebro una frase mágica, un sentimiento absolutamente púrpura: "si Dios nos ha dado la oportunidad de seguir vivos, pongámonos un reto y saquemos provecho de lo que acaba de pasar: que este próximo mes sea el de mayor generación de ingresos que haya tenido". Me estaba apalancando, por supuesto. Estaba desafiando ese mal momento, eclipsándolo con otro que sea mejor o con un pensamiento inspirador y motivante. ¡Eureka! Así pasó, tal y como se decretó. Un mes fascinante en ingresos que borró una pérdida material. ¿Fue esa la única manera de aprovechar lo sucedido? ¡No! Cuando la vida te quita algo a la fuerza, quizá te esté enviando un mensaje: ¿no estás siendo lo suficientemente generoso que deberías ser, como para que ahora te despojen de lo que te pertenece? Quizá sí. Aprendizaje a la brava, en su más genuina expresión.

Hay muchas más historias, que me hicieron resistente al miedo, pero quiero llegar rápido a la moraleja y no agobiarte. Con seguridad has enfrentado en tu vida situaciones que te han puesto también al límite, que te han enfrentado con la muerte o con el hecho de que la vida humana es finita y que solo tenemos una oportunidad para aprovecharla. Ocasiones en que el miedo parece abrazarte, paralizarte y cegarte, haciendo que el tiempo se te pase sin hacer nada. ¿Por qué preocuparse tantas veces en la vida por cosas que no han sucedido todavía, si es en el presente y en tu realidad donde tienes todas las opciones para realizar lo que deseas? Solo hay que dejar el miedo a un lado.

**Si en el 99 % de las ocasiones que piensas que te vas a morir o que algo malo te va a pasar, no te pasa nada, ¿no resulta mejor pensar que no debes tenerle miedo a la muerte y a lo que te agobia?**

Estarás pensando que he tenido un buen entrenamiento en la vida para hacerme resistente a los miedos, desafiar probabilidades y que ese quizá no haya sido tu caso. Déjame decirte que tú también has vivido experiencias similares, así no estés consciente de ello. Estás leyendo este libro, pese a que un avión en el que viajaste estuvo a punto de caerse y ni lo supiste; o que muy cerca estuviste de contraer una bacteria en un hospital que visitaste y ni te enteraste; o que ese negocio que resultó exitoso estuvo a centímetros de malograrse. ¿Has pensado en eso? ¿En la cantidad de cosas que han funcionado cuando las probabilidades estaban incluso en tu contra? Si aún tienes dudas, permíteme ser más crudo aún: tu vida se concibió por un milagro; el milagro de que un espermatozoide llegara a su destino, cuando millones, al mismo tiempo, se perdieron en el camino o carecieron de la fuerza suficiente para fecundar un óvulo.

Ahora bien, piensa en las palabras "miedo a la muerte" y reemplaza "muerte" por cualquier otra. Miedo al qué dirán, miedo a no ser capaces de hacer algo, miedo a una pérdida económica, miedo a renunciar a tu empleo, miedo a hacer el ridículo, miedo a la soledad, miedo a hablar en público, miedo a emprender y que no funcione, miedo al rechazo y muchos miedos más que aquí analizaremos. La mayoría de las veces, como verás, no valía la pena sentir temor alguno. ¿Por qué dejarlo dominar nuestra vida entonces?

"¿Y es que acaso uno lo puede controlar, Juan Diego?". No me cabe duda; muchos otros dirán lo contrario. Pero por experiencia te digo que la fe inquebrantable en un ser superior, en tu destino, por más que tú lo construyas, e información útil en tu cerebro, como la que espero brindarte, sí que reducen el miedo hasta casi extinguirlo, como me ha sucedido. El cerebro sobrerreacciona en muchas ocasiones a situaciones triviales. No todo es un tema de vida o muerte. Pregúntate, por ejemplo, si estás realmente en peligro o todo está en tu mente; y a la respuesta que surja añádele por favor esto: las expectativas sobre algo, con fundamento o no, agudizan el temor actual. Basta que la espera sobre una noticia o evento sea prolongada para que te empieces a sentir diferente. Quisieras que la noticia te la dieran ya; la incertidumbre te abruma y el temor se manifiesta. No obstante, para algo tiene que servir la experiencia. En este punto recuerdo una frase de Descartes, quien dijo en su lecho de muerte: "mi vida estuvo caracterizada por una serie de tragedias, la mayoría de las cuales nunca ocurrieron". ¡Guau! ¿Has pensado en lo que te daba miedo cuando eras un niño? Hoy parece algo ridículo siquiera pensarlo. Tú dirás, justificando, que "es obvio, era un niño", pero quiero que sepas que ahora, siendo adulto, tus miedos también se disiparán con el paso del tiempo. Claro que sí.

Es indispensable que te expongas gradualmente a lo que temes. Si le temías a los aviones por una turbulencia que viviste y en el próximo vuelo que tengas que hacer no las hay, tendrás la oportunidad de crear un nuevo recuerdo positivo, con lo que el miedo se reducirá. El cerebro hace cambios físicos que controlan la respuesta del miedo; recuérdalo.

Siempre me ha llamado la atención que ante un mismo evento se susciten reacciones diversas. Las próximas líneas lo atestiguan. En vivo y en directo, presencio una tormenta tropical en el Caribe colombiano. Un motivo de temor e incertidumbre para unos; adrenalina pura para otros. Si es el mismo evento, ¿por qué distintas reacciones? Porque somos diferentes, solemos decir. No me conformo con eso. ¿Qué hace que el miedo sea lo que predomine en unos y el placer en otros? Caigo en la tentación de responder que se debe a tu "equipamiento", a tu historia, tus genes, tu mente, tu conocimiento sobre ti mismo, tus experiencias pasadas, todo tu ser. El miedo o el placer no los produce la tormenta en sí misma, a lo que llamo el *evento*, lo produces tú mismo. *Menos miedos, más riquezas* es un titulo sugestivo para un libro. Y también atrevido. Supone que si tengo menos miedos tendré más riquezas, sea lo que signifiquen. ¿Será así? ¿Si tengo menos miedos seré más rico? No quiero ser dogmático y responder con un simple "sí" o un "no" ante dos palabras tan grandes como miedo y riqueza. Lo que sí quiero hacer, desde la génesis de esta publicación y con base en mi experiencia de vida, es afirmar que el miedo es una carga muy pesada como para llevarla sin pagar un precio. El miedo tiene su precio, y muy posiblemente sea no ser tan felices como podemos y queremos ser. Quién le tiene miedo a volar en avión se privará de conocer la belleza del Viejo Continente, por ejemplo; dirá que igual puede ser feliz quedándose en su casa sin tener que padecer la tortura de estar varias horas sobre el mar, en un aparato que no controla y que desafía la gravedad. No se trata de quedarse en la casa. Se trata de ser más grande que tu miedo y no quedarse sin conocer los lugares que deseas, no permanecer inmóvil sin hacer y conseguir lo que realmente deseas para ti.

**El mayor placer que engendra el miedo es el placer de vencerlo. No es evitarlo, no es obsesionarte con él, no es luchar contra él; es hacerte más grande para que el miedo no importe.**

Siguiendo el ejemplo anterior, que puedas viajar, tener la dicha de visitar lugares que no conoces, sin dejarte dominar por algo que solo está en tu mente es vencer el miedo. Bajo esa concepción, menos miedos equivale a más riquezas. ¿Cuáles? La riqueza de dominar tus pensamientos, filtrar tus emociones, "salirte incluso de tu cuerpo cuando sea necesario", con el fin de obtener aquello que te motive. El miedo nos paraliza, no nos deja crecer, dicta sentencia sobre lo que puedo o no hacer. El arrojo, por el contrario, la valentía misma si así la quieres llamar, te desliga de las cadenas que impiden vivir la vida que quieres. La reacción entonces ante un evento muestra lo grande o pequeño que voy siendo como ser humano.

Como si fuera ayer, viene a mi mente un almuerzo con una socia VIP de Invertir Mejor, en el que ella me hablaba de su temor por volverse rica, próspera, por llegar a tener mucho dinero. "¿A qué le temes específicamente?", le pregunté. Ella respondió: "siempre me dijeron en mi familia, y lo recuerdo desde que era una niña, que los ricos se vuelven malas personas". "¿Lo crees así?", pregunté. "No", me dijo. "Y, entonces, ¿cuál es el problema?". A lo que ella replicó: "Juan Diego, esa percepción está tan arraigada dentro de mí, que aún creyendo que no es cierto, yo me saboteo de tal forma que cuando el pan está en la puerta del horno, hago todo lo posible para que se queme". "¿A qué te refieres con eso?", seguí preguntando intrigado. "A que en el fondo le tengo miedo a la riqueza, que al tener más dinero sea menos espiritual, avara, codiciosa y materialista", dijo. "Y es que el temor a volverme así", continuó, "hace que inconscientemente haga lo que no debo hacer, o evite lo que sí debí haber hecho para progresar".

Este no es un caso aislado, ni mucho menos; es un testimonio que escucho con frecuencia; es la viva demostración de que los temores que nos impiden progresar, no se presentan solo cuando somos niños, sino que, por el contrario, perduran y hasta se acentúan en nuestra edad adulta, y siguen boicoteando nuestro éxito emocional y financiero.

¿Cómo le ayudé a esa socia?, te estarás preguntando. Haciendo que se divorciara de esa historia; la misma que causaba su atraso. Eso se logra cuando creamos una nueva historia en la que vemos que la riqueza le permitirá ser incluso más espiritual, generosa y admirada que cuando no tenía recursos. Le recordé que con dinero se imprimen las biblias; que con dinero se construyen las iglesias; que con dinero puedes ayudarle al sacerdote de tu vecindad, o a conseguirle equipos de cómputo a los estudiantes del colegio en el que te educaste; así, ella vería en conseguir dinero un verdadero estímulo para convertirlo en realidad.

**Alguien me dijo una vez: "¿A quién le puedes ayudar financieramente siendo pobre, si tú te conviertes en una boca más que alimentar?".**

De acuerdo. El miedo en este caso se disipa mostrando cómo el dinero te puede ayudar, y no perjudicar, en tus más nobles y altruistas objetivos de vida. Es posible que tú no tengas esos problemas; es posible que tus miedos sean otros; pero sea cual fuere el nombre de tu miedo, es posible que esté impidiendo tu progreso, no solo financiero, sino también emocional y espiritual. Cuando esa sesión terminó, tenía algo claro: debía mostrarle al mundo cómo puedo apalancarme con el miedo, como lo hicimos con ella, y convertirlo en un instrumento de riqueza.

Habrá muchas personas que no lean este libro; muchas de ellas tienen miedo a que los reten; a que los tallen, a que les exijan, a que los saquen de su zona de confort. Muchas personas tienen miedo a morir como diamantes, porque están cómodas viviendo como carbón. Un carbón que es igual a otro; un carbón que no brilla; un carbón que forma parte de la inmensa lista de commodities o bienes básicos del planeta, y que como tal, se remunera a precios bajos. Hay personas que podrían decir: "yo no necesito de un libro para tener menos miedos y progresar; como estoy, estoy bien". Pregunto humildemente: ¿qué es "estar bien"? Por encima de "bien", está la palabra "mejor"; y, segundo, ¿bien frente a quién? Es importante compararse; no solo mirar hacia abajo, a los que menos tienen, para agradecer por la mejor situación en la que nos encontramos; sino que también es útil mirar hacia arriba, a quienes más han acumulado riqueza material, emocional y espiritual, para exigirse e ir por más. Todo lo iremos viendo a lo largo de estas páginas.

Antes quiero contarte que algo muy curioso ocurrió con este libro: aficionado como soy a los temas esotéricos y paranormales, visité en cierta ocasión a una señora que se proclamaba vidente. Era la madre de un seguidor agradecido por los videos que habíamos publicado en YouTube, y que le resultaban de gran inspiración. Un día cualquiera él me escribió y me dijo que me quería regalar, como muestra de gratitud, una sesión con su mamá. La oferta era tentadora, nada tenía que perder y accedí. Una de las cosas que más me llamó la atención durante la sesión fue lo siguiente: me dijo; "vas a escribir un libro"; ante esto, le dije que había escrito cinco hacía algún tiempo y que por el momento mi intención era no escribir más que los caracteres que se necesitan para enviar un tuit. Rematé diciéndole que había sido columnista durante varios años y lo que iba a escribir en esta vida ya lo escribí. Sin inmutarse, y como si no le hubiera dicho nada o no me hubiese oído, añadió: "El libro más importante de tu vida será el número siete". Les juro que en ese momento tuve la tentación de abandonar la sala. A esta señora le acababa de decir que no iba a escribir más, y no solo me habla de un sexto libro, sino que va más allá y me habla del séptimo. Por favor, se le fueron las luces; pero igual, cualquiera se equivoca, pensé.

Estimado lector, acabas de empezar a leer mi libro número siete. El sexto fue *Hábitos de ricos*. Solo espero que la vidente haya acertado siquiera en la mitad de su vaticinio y te pueda resultar de utilidad lo que aquí escribo. Con todas las ocupaciones que hay por desempeñar; con todos los libros que hay por leer; con todas las cosas que hay por hacer, me honra que lo estés leyendo y te doy las gracias. No es fortuito, sin embargo, que lo hagas. "Toda casualidad es una cita", y has acudido a ella. Después de estas reflexiones iniciales, quiero empezar por concentrarme en la palabra miedo y en el fascinante viaje que tenemos por delante.

# 1

## EL MIEDO

El miedo es una bendición para progresar. Siempre existirá y por tal razón no busco decirte en este libro cómo eliminarlo, sino cómo manejarlo y transformarlo en uno de los motores más poderosos con los que cuentas para generar riqueza y prosperidad en tu vida. El miedo es la plataforma sobre la cual te darás cuenta de qué estás hecho, qué tan altas son tus metas y qué tan profundo tu deseo de alcanzarlas y superarlas. Es la energía que podrá transformarte de carbón a diamante, de un ser normal a un ser púrpura, extraordinario.

**El miedo siempre existirá; pero como tú quieres formar parte de las minorías que más ingresos ganan, y que mejor vida llevan, sabrás al final de estas páginas que el miedo es una bendición para progresar y para saber de qué estás hecho.**

Supongamos que tienes un hijo y que una noche te dice que irá a una fiesta en las afueras de la ciudad. Sabes que irá en el carro, que hace poco obtuvo su licencia para conducir, que habrá consumo de licor y que es posible que regrese con varios de sus amigos. Tu hijo es el ser más preciado que tienes y en él no solo has depositado toda tu confianza, sino las expectativas de que tenga una vida feliz y próspera, mejor que la tuya. Es natural que tengas miedo de que algo malo le ocurra, ya sea en el camino de ida o de vuelta. No es para menos, hay muchas historias amargas que te llegan a tu mente en el momento que te despides de él.

En esa situación puedes tener dos tipos de conversación con tu hijo. La primera, transmitirle todos tus temores y decir cosas como estas: "no manejes rápido porque puedes perder el control del carro, si tomas y manejas te vas a accidentar, tus amigos son irresponsables y te van a distraer, la ruta que vas a tomar es la más peligrosa, vete mejor por la carretera antigua, mejor no vayas a la fiesta". Puedes, en resumen, poner en palabras todo lo que te atemoriza y decírselo, convirtiendo todo lo que pasa por tu mente en algo real sin que haya sucedido, sin que tu hijo hubiera siquiera recibido de tus manos las llaves del carro.

Una segunda posibilidad de conversación es una en la que predomine lo positivo y siembres un mensaje optimista en la mente de tu hijo, no miedos o temores adicionales a los que ya puede tener él por la expectativa de la fiesta. "Ten cuidado en el camino, sé que te irá bien porque ya aprendiste a conducir, sabes que no debes ingerir licor porque vas al volante, ni exceder los límites de velocidad en especial en la nueva autopista; disfruta de tu fiesta y de tus amigos, aquí te esperamos". ¿Hay miedos en todo esto? Posiblemente sí, pero no se los has expresado a tu hijo ni los has puesto en palabras, no los has hecho reales ni convertido en una realidad mediante lo expresado. Has dado más importancia al hecho de que quieres que tu hijo disfrute la fiesta con responsabilidad y que lo esperas en casa, en vez de pensar que es más seguro que no salga. No salir siempre será más seguro, no arriesgarse o asomarse al mundo será siempre la salida más fácil, pero es el camino a la pobreza mental y material. Vencer los temores, poco a poco, en cambio, es el camino hacia riquezas maravillosas. La siguiente vez que tu hijo tenga una fiesta, irá más confiado y tú dormirás más tranquilo.

## Si el miedo te pasa por la cabeza, ten la precaución de que no te pase por la lengua.

Cuando le dices a un hijo que es un bueno para nada, ¿en qué crees que se convertirá? Cuando refiriéndote a tu hijo dices que es un demonio, un diablo, un necio, que no tiene solución, ¿en qué crees que se convertirá? Cuando dices que es muy difícil conseguir dinero, que hay mucha escasez en el mundo, ¿qué tanto dinero crees que llegará a tu vida? Cuando afirmas que naciste para ser pobre, ¿todavía crees posible que te puedas convertir en rico? Mucho cuidado con las palabras, mucho cuidado con lo que dices.

Miedos, todos los sentimos, pero reitero, es determinante no declararlo. "Pero, Juan Diego, es que a mí ya me lo dijeron: no te cases con ese infeliz, no emprendas ese proyecto, no realices esa inversión, no confiamos en ti". Tú simplemente haz lo siguiente: apaláncate con esas palabras. Aprovéchalas. Asegúrate de demostrarles en vida a las personas que las dijeron, que bien podrían estar en tu familia, que estaban equivocadas. Que contigo no acertaron.

Recuerda que absorbes lo que ves. Si tu hijo te ve bebiendo, ya conoció el alcohol; lo que no lo condenará a ser alcohólico, pero lo conoció por ti. Si en medio de una turbulencia, tu hijo te ve disfrutarla, ello no lo obligará a ser tranquilo cada vez que se monte a un avión, pero, de nuevo, vio en ti tranquilidad y es posible que la replique en su vida. Si ve que sufres por la falta de dinero, tendrá un recuerdo negativo de este. Tus actitudes se replican en quienes te rodean: si vives con miedo, transmitirás miedo e inseguridad. Si tus pensamientos son pobres, irradiarás pobreza. Si nunca aprendes a apalancarte y a convertir el miedo en energía creadora, olvídate de cambiar tu realidad o dar, lo que llamamos en *Hábitos de ricos*, saltos cuánticos.

Recuerda: hay personas que se lanzan en paracaídas desde un avión, y no les da miedo; otras personas le tienen miedo a salir de su casa. Hay quienes en una sola transacción por Internet negocian millones de dólares; y otros le temen a pagar un servicio público de treinta dólares o encender siquiera la computadora. ¿Hasta dónde estamos impregnando a nuestros hijos de lo que tememos?

Cuando algo te dé miedo, pregúntate si realmente está pasando ahora o si solo estás trayendo al presente una experiencia negativa de tu pasado o la expectativa de lo que podría ocurrir en el futuro. Solemos seguir preocupados por cosas que ya ocurrieron, lo cual es absurdo, pues no es posible modificar lo que ya pasó. O nos preocupamos por el futuro, por cosas que a la larga no sabemos si van a ocurrir o no, que nos imaginamos que pueden pasar, lo que significa que son irreales todavía puesto que no han sucedido. Lo único que debe ocuparnos es el presente, ya lo veremos. Un presente sin miedos.

Piensa por ejemplo en lo siguiente: te despiden de tu empleo, y en vez de verlo como una oportunidad, empiezas a pensar cosas tales como: "¿y si no encuentro otro trabajo?, ¿y si era el empleo de mi vida?, ¿y qué van a decir los demás sobre mí?, ¿ahora cómo voy a pagar mis deudas?". Nos inquietamos por lo que no ha pasado al punto que nos quita el sueño y la tranquilidad, sin saber siquiera qué vaya a pasar. Es posible, como lo he explicado públicamente en conferencias y talleres, que el evento de ser despedido sea incluso la gran oportunidad que te da la vida para cambiar de rumbo y encontrar tu verdadero norte. Que te saquen de la aparente comodidad que da un empleo fijo con un salario estable, o de cualquier situación que sea tu "zona de confort", puede ser leído como el inicio de una nueva etapa, una nueva oportunidad de replantear tus motivaciones y el sentido de tu vida. Si lo entiendes así, te habrás ahorrado al menos una preocupación más. No obstante, aún sabiendo esto, ¿por qué nos seguimos preocupando?

La respuesta es que si en el pasado fuimos despedidos de otro empleo y debido a esto la pasamos mal, creemos que eso mismo nos puede ocurrir ahora y nos ocurrirá siempre. De entrada, a nadie le gustan las angustias y las dificultades porque son primas del miedo; son muy poderosas y capaces de frenar nuestra imaginación. Si sigues trayendo el pasado al presente y condenando así el futuro que quieres para ti, tú mismo te estás saboteando la posibilidad de ser feliz, próspero y abandonando la inmensa capacidad de cambiar y ser mejor siempre que tiene todo ser humano. Recuerda que cada quien tiene la opción de transformarse en la persona que quiera ser y mejorar cada día, como ya lo decíamos en *Hábitos de ricos*.

Traer tu pasado a tu presente como un pesado lastre es un error. No estás condenado a ser el mismo para toda la vida, el mundo ha cambiado, las experiencias te han hecho más fuerte, resistente y recursivo, y ahora el prisma con el que ves las cosas es otro. Total, la nueva experiencia de ser despedido es distinta a la que ya viviste. Con las inversiones y emprendimientos funciona igual. Que hayas perdido dinero al invertir hace algunos años o que una idea no hubiera resultado no significa que una nueva inversión o un nuevo emprendimiento tengan el mismo desenlace.

Mientras más combatas el miedo y te obsesiones con él, más difícil será erradicarlo. Es algo similar a lo que te ocurre con el sueño; si te dices a ti mismo que tienes que dormirte y te obsesionas en hacerlo, menos lo lograrás. Entre más te obligues a dormir, más despierto estarás. Basta con cerrar los ojos, repasar tranquilo en tu mente lo que hiciste en el día, y si hay algo que te angustia y no permite que descanses, hacerlo a un lado para resolverlo después. No pierdas la energía en algo que no podrás cambiar en ese momento. Te quedarás dormido, sin darte cuenta siquiera. Igual sucede con los miedos: no todos los podremos aplacar como por arte de magia y en el mismo momento, hay que identificarlos y cuando estés ante ellos en el presente sí atacarlos y difuminarlos. Antes no, no puedes cambiar lo pasado ni lo futuro, concéntrate en el presente. Si el presente dicta que es momento de descansar, descansa, pero cuando te indique que es momento de actuar no pierdas un segundo en hacerlo.

Como lo explicaba en *Hábitos de ricos*, la mejor forma de acabar con un miedo, o como mínimo reducirlo, es ponerle un competidor al lado contra el cual compararse. Piensa en este ejemplo simple: estás en una casa grande, sola, a oscuras, y hay una gran tormenta; quieres ir a la cocina que está al otro extremo del cuarto en el que te encuentras por un vaso de agua. Le temes a toda la escena: la soledad, la tormenta y la oscuridad. La idea no te agrada. Decides que irás solamente si te estás muriendo físicamente de sed, no solo si tienes "un poco" de sed. Irías también a la cocina si te estuvieras muriendo de hambre, no solo si tienes "algo" de hambre. Supón que no estás solo, que estás con tu pareja, y él o ella te pide que vayas a la cocina pues tiene un antojo, cualquier cosa. Quieres complacerla, es tu motivación en ese momento, y terminas yendo. La idea es que el lado de las motivaciones pese mucho más que el lado de los miedos. Siempre habrá algo que te haga ir al otro lado, algo por lo que valga la pena cruzar lo oscuro y desagradable, lo incierto. Un ejemplo tan común te será de utilidad para que tu imaginación vuele. No intentes alejar el miedo; invítalo a tu vida. Disfrútalo; se desvanece como lo hace un trozo de hielo bajo el sol.

Cuanto más le temas al temor mismo, cuanto más luches para que no se presenten tus miedos, tanto más se presentarán. Ten siempre esto claro. La aparición del miedo te produce más miedo y hay dos posibilidades: que te nuble y te bloquee, o que su misma aparición te inspire para vencerlo y te dé incluso más fuerza para descubrir nuevas aptitudes tuyas, aprendizajes novedosos y transformadores.

En mi carrera como conferencista, mi motivación era, y sigue siendo, inspirar a mi audiencia, dejar la piel en cada presentación, derramar todo mi talento para que otros descubran su potencial de ser grandiosos. Eso es más fuerte que cualquier miedo que pueda llegar a sentir o incertidumbre que pueda llegar a tener al momento de dirigirme a un público. Por eso, cuando sientas que el miedo empieza a opacar tus motivaciones más profundas, aliméntate de él y dale la bienvenida; di algo así como: "ya llegaste; te esperaba; tengo una gran motivación en mi vida y la voy a cumplir a pesar de que quieras dañar mi camino, qué bueno que vengas para llenarme de emoción y seguir adelante en auténtico 'modo hervir'".

No evites el miedo; ponle un competidor fuerte al lado, tu mensaje, el objetivo de tu intervención, la motivación nivel 10 que está detrás de tu negocio o emprendimiento. Que el miedo sea tu estímulo más fuerte, no lo ignores, encáralo y úsalo como combustible para tus iniciativas.

Te aseguro que eso será mucho más útil que decir: "ahí llegó el miedo de nuevo para arruinarme". Se trata de que te apalanques con una emoción, no dejarte destruir por ella. Acepta la presencia del miedo; no le temas. Disfrútalo. Aceptación no es resignación. Es entender que el miedo, como la lluvia, seguirán llegando; solo que cuando vuelva a llover, ya sabrás qué hacer con el agua. Recuerda: algún día te reirás del miedo que hoy más te agobia; tal y como te ríes de los fantasmas y monstruos de mil cabezas que podían invadir tu cuarto durante la noche cuando eras un niño. Es mucho más inteligente obsesionarse por encontrar una motivación, que obsesionarse por erradicar el miedo. Y es fascinante saber que en nosotros está la cura a nuestro mal.

Hablaremos de muchos miedos en este libro; cómo se manifiestan, cómo superarlos e incluso inspirarnos con ellos para producir riquezas materiales, emocionales y espirituales, tal y como me ha sucedido. Uno de ellos, el miedo a perder, es el más arraigado de todos los miedos. Y me refiero a pérdidas de todo tipo. Temes perder dinero; temes perder a un ser querido; temes perder confianza en ti mismo, temes perder un empleo; pero yo pregunto antes de continuar: ¿qué es perder? Acaso cuando caemos en una aparente crisis y vivimos momentos difíciles, ¿no nos volvemos más sabios, más resistentes o no sacamos más provecho de lo ocurrido? ¿Cuál es el temor entonces al asumir un riesgo si en el peor de los casos nos irá mal, y esa será solo una experiencia para aprender y crecer? Una experiencia que se puede ver como un punto de partida para que en un futuro nos vaya mejor.

Como probablemente lo sepan, tuve la fortuna de ser despedido de un empleo que no disfrutaba. Bordeaba los 30 años; ad portas de casarme y con un alto nivel de endeudamiento. Si yo hubiera sabido que ser despedido me traería tantos beneficios, como los que ha traído, tengan la seguridad de que desde mucho antes de que me despidieran, yo mismo habría renunciado. De nuevo, ¿qué es perder entonces?

Suponte que eres un basquetbolista, que tiene un propósito claro y obvio al lanzar la pelota hacia el aro: encestar. Tienes dos resultados posibles: encestar o no hacerlo. Si encestas, bien; si no encestaste, puedes estar seguro de que tendrás más probabilidades de hacerlo en un próximo lanzamiento que aquel que ni siquiera se atrevió a lanzar hacia el aro. ¿Quién perdió entonces? ¿El que no encestó, o el que no se atrevió a lanzar, quizá por miedo a fallar? Para mí, este último. La vida te ofrece siempre más posibilidades, incluso más allá de las que son evidentes a tu vista, solo hay que buscarlas e insistir. Ir de nuevo por la pelota, cuantas veces sea necesario, volver a buscar el ángulo de tiro, más lejos, más cerca, más difíciles y ¡lanzar!

## El mapa mental de riesgo: un antídoto para el miedo

El miedo y la aversión al riesgo no se acaban por decreto; ni tampoco con una vara mágica. Se reducen, hasta extinguirlos y que no estorben, con información y motivaciones. Seguramente quieres tener menos miedos y más riquezas; y también más información útil en tu cerebro de forma tal que eso lo vuelvas una realidad. Te presento a continuación una radiografía de cómo funciona el miedo en la práctica, en el día a día de las personas, y, acto seguido, una munición de *tips* para tener un nuevo mapa mental, una nueva mentalidad, que permita asumir riesgos con más facilidad y ver el miedo de otra forma. Inspirado en los fascinantes libros de James Allen, *Como un hombre piensa, así es su vida* y *El poder del pensamiento positivo* de Norman Vincent Peale, en los análisis del doctor Smiley Blanton, en mis vivencias y en algunas conclusiones derivadas de las consultas de los socios de mi firma Invertir Mejor.

## Una radiografía del miedo

El doctor Blanton, médico y paciente de Sigmund Freud, afirmaba de manera muy acertada lo siguiente:

El miedo es una enfermedad sutil y destructiva; una enfermedad que mata sueños y esperanzas; una enfermedad que te envejece y te envía al hospital; una enfermedad que te paraliza para hacer cosas que sabes que puedes hacer, pero que no haces. Y reconociendo eso como verdad, nos preguntamos entonces: ¿cuál es el beneficio del miedo realmente? ¿Qué beneficio tiene renunciar a sí mismo y a todo lo que puedes hacer, a no enfrentar tu vida y tomar las riendas de ella? Hay quienes no quieren cometer errores; hay quienes quieren que todo funcione bien desde la primera vez; hay quienes quieren agradar a todo el mundo. Y eso no va a ocurrir. Cometeremos errores, vas a herir sentimientos y tendrás enemigos. El miedo es algo falso que parece real; es una ilusión que creamos en nuestra mente; un estado mental, que por cierto puede ser cambiado. ¿Pregúntate si estás satisfecho con la vida que tienes? ¿Es lo que quieres? ¿O te gustaría vivir algo mejor que eso? ¿Crees que tienes más para hacer? Y por favor no te conformes al responder; no se trata de decir que hay gente peor que tú y que incluso no tienen que comer. Seguro tienes un propósito más grande en el que tienes que trabajar; que hay algo más grande que la vida tiene preparado para ti. Empieza por vigilar tu conversación interna; estar consciente de los diálogos que se producen dentro de ti. En muchas ocasiones, lo único bueno que oirás sobre ti es lo que te digas a ti mismo. El miedo limita tu visión y baja tu autoestima. El miedo es lo que mantiene a las personas haciendo lo que no les gusta hacer. Por eso continúan en sus trabajos; por eso continúan en relaciones sentimentales que los perjudican. No se ven en otro escenario, ni con una actividad diferente ni con una persona distinta. Están paralizados, por miedo. Creen que eso es todo lo que pueden hacer, que esa vida fue la que les correspondió vivir o que simplemente es la vida que se merecen y pueden tener.

## Pensamientos y mentalidad

Lo que pensamos es lo que ocurre; el pensamiento negativo es muy peligroso, pues se transforma en realidad. Sin proponérnoslo, caemos en él; y sin recordarlo, desconocemos luego por qué nos pasan ciertas cosas que no deseábamos. Las cosas semejantes se atraen; es un hecho. Piensa positivo y empezarás a ver como suceden mejores cosas en tu vida. No pienses en los peligros del camino que va a llevar a tu hijo a la fiesta, sino en la pericia que ya tiene para conducir, piensa en que irá y disfrutará con sus amigos responsablemente y que regresará sano y salvo para contarte cómo le fue.

¿Cómo empezar a pensar diferente?, me suelen preguntar. Hay algo que me ha funcionado bien y, al decirlo, no pretendo descubrirlo: la actitud y el lenguaje son el prerrequisito para pensar diferente y cambiar pensamientos negativos por positivos. La actitud podría no curar por sí misma una enfermedad, pero sí que ayuda. También la fe; la raíz del pensamiento positivo y guía invisible de cualquier acción. Cuando alguien me decía: "no pretendas saberlo todo, ni arreglarlo todo, ni calcularlo todo; solo acumula méritos, y deja que el universo se encargue del cómo", tenía razón. Las personas racionales y que utilizamos más el hemisferio izquierdo del cerebro, sumidos por años en los números y criados académicamente con ingenieros, solemos ponerle siempre ese toque racional y escéptico a lo que no es demostrable. La vida, sin embargo, se encarga de ser más grande que cualquier duda.

Estar conscientes de lo que pensamos; controlar lo que pensamos, hacerle retén a nuestros pensamientos, filtrarlos, es una tarea inaplazable. Pensamos sin reflexionar sobre lo que pensamos. Y lo hacemos desde hace mucho tiempo; olvidamos que nuestras emociones siguen al pensamiento, así como las sombras siguen al cuerpo; aquello que pensamos es aquello que llegamos a ser. Cada quien es su propio arquitecto mental, sea que esté o no consciente de ello.

William James, padre de la psicología moderna, afirmaba que: "los seres humanos pueden cambiar sus vidas, si alteran sus actitudes mentales", y que ese es uno de los grandes descubrimientos de nuestro tiempo. Aferrándonos a ello, entendemos por qué "nuestro carácter es la suma de los pensamientos que acumulamos" y que, como forjador de nuestro destino, ese carácter es moldeado por ende con el cambio en lo que pensamos. Si le rendimos culto a la suerte, a las circunstancias, a la cuna en la que nacimos, a la herencia que nos tocó, tendremos unos resultados; si tenemos el valor y la decisión, por el contrario, de tomar al toro por los cuernos, tendremos otros; y sabremos que terminamos viviendo solo lo que pensamos, y que será nuestra responsabilidad hacerlo, no de alguien más. "Lo que el hombre piensa en secreto es lo que sucede; el medio ambiente y lo que le rodea, solo son su espejo". Ese sería el mejor resumen de lo que desearía que entendieras en este momento.

Rezamos para que llegue la riqueza, pero ¿hacemos la tarea para que llegue? ¿Es tan fuerte el deseo de riquezas y de una vida nueva como para mejorar a diario lo que pensamos y despojarnos de odios, juicios, envidias y mezquindad? "La etapa más elevada en nuestra cultura moral es cuando reconocemos que debemos controlar nuestros pensamientos", diría Charles Darwin. La riqueza externa solo refleja el poder acumulado de la riqueza interna, alimentada por los pensamientos nobles que albergamos. Como ya lo sabemos, "las circunstancias no hacen al hombre, solo lo revelan".

¿Para qué orar y pedir sin acumular méritos? Pregunto con todo el respeto. Supongo que para que el universo o tu Dios te escuchen. El clamor llegará a su destino, probablemente; aunque no sé si la bendición como resultado del mérito. Siempre me ha gustado pensar que nuestras oraciones serán contestadas, cuando se armonicen los pensamientos con las acciones. Ser inconsecuente no es sino una muestra más del mapa mental que hasta ahora hemos tenido; no del que queremos desarrollar. Si seguimos sembrando maleza, ¿cómo habremos de esperar mejores frutos? Si le seguimos endosando al destino los resultados diarios que nos gobiernan; si pretendemos ser merecedores sin razón de todo aquello que nos falta; si continuamos viviendo por debajo de nuestras posibilidades, merced a no tomar conciencia de lo que se pasa por nuestra cabeza; ¿cómo esperar resultados diferentes? "Los malos pensamientos preceden a muchos sufrimientos; tal y como la rueda va detrás del buey". Si nuestro anhelo es entonces dar saltos abruptos, los saltos cuánticos que tanto promociono, y que han dejado por el piso el milenario paradigma del progreso paso a paso, te recuerdo: "tu progreso sería más rápido si la celeridad que clamas para tu mundo externo la impones en tu mundo interno". ¡Quién dijo miedo!

## Circunstancias

"El hombre será abofeteado por las circunstancias mientras él piense que es una criatura de las condiciones externas; solo cuando entienda que tiene un poder creativo, verá cómo se convierte en el maestro de sí mismo". Esta frase es clave para un nuevo mapa mental. Es entender que las circunstancias son derivadas del pensamiento y que la alteración de tales circunstancias es solo el reflejo de la alteración en nuestra condición mental. Cuando nos enfrentamos a nuestras debilidades y las superamos, experimentamos cambios profundos en nuestras circunstancias. Como bien se dijera: "aquel que se ha conquistado a sí mismo, ha conquistado el universo".

## Entusiasmo y optimismo

¿Qué tal si empezamos por deshacernos de la autocompasión y nos preocupamos más por servir a los demás? ¿Qué tal si en vez de afligirnos por el ayer pensamos más en el hoy y en el mañana? Al hacerlo, nos volvemos más entusiastas, y el entusiasta transmite energía. ¿Más tips para ser entusiasta y optimista? Vivir amando; apreciar lo que tienes. Me siento extraño escribiendo esto pero es verdad. El que ama se vuelve feliz y si lo piensas bien, cada actuación está enmarcada en el bando del amor o en el del odio. ¿Cuándo juzgas a cuál bando te acercas? ¿Y cuándo escuchas con el corazón? ¿Y cuándo insultas a quien se demoró tomándote un pedido en un restaurante? Está claro que sabemos cuándo prima un sentimiento y cuándo otro. Y no seremos santos, ni tú ni yo; pero acumular más actos de amor tiene unos resultados y acumular más actos de odio tiene otros. No es más. Es escoger. "El odio no es una opción para alguien que desea tener una vida extraordinaria", me decía un *coach* en cierta ocasión. "El odio pesa mucho y hace más lento tu transitar, y fuera de ello, se le nota en el rostro a quien lo alberga en su corazón. Ama sin condición". ¡Guau! Qué ciertas palabras, decía yo; y qué difícil en ocasiones llevarlas a la práctica. Perdón: *difícil* no es una palabra púrpura; no la tengo en mi diccionario púrpura. Digamos mejor, qué gran reto llevarlas a cabo. Mejor, ¿cierto?

## Soñar y hacer que suceda

El poder de las metas es el poder de convertir los sueños en realidad. No son deseos o sueños. Nada de decir "algún día las lograré" o "tal vez sucederá". Qué quiero, cuándo y cuál es el plan para lograrlo. No es solo trabajo duro. Es un deseo profundo, más un pensamiento creativo, más una fe inquebrantable durante todo el camino, la mejor de las recetas. La fe en uno mismo más la fe en un poder superior son sinónimo de invencibilidad. Mi frase de batalla es: "Nadie es más grande que la fusión del poder de una buena intención y la fuerza de un ser superior actuando dentro de ti". Que a los destructores de sueños que quizás te rodeen les quede claro.

## El poder de los nuevos comienzos

Tu mentalidad te ha traído adonde te encuentras; pero tu mentalidad cambia, porque cambia la información que utilizas como insumo y las vivencias que alimentan tu espíritu. Por ello, "no hay razón para que los errores anteriores afecten tus futuros triunfos". Tenemos la habilidad y el derecho de corregir las fallas y empezar de nuevo. "¿Y los fracasos que he tenido, Juan Diego?", me preguntarás.

Nunca pienses en tus fracasos luego de haber aprendido de ellos. No te aferres a ellos. El arte de olvidar es esencial para un nuevo comienzo.

## Ver las ventajas del miedo

¿El miedo tiene ventajas? No lo dudes. Te voy a poner ejemplos específicos. Debemos reconocer que usamos nuestras capacidades a medias. Nuestros recursos mentales están subutilizados y ante esa evidente realidad, cualquier atisbo considerable de mejora supone estar facultados para enfrentar cada vez retos mayores. Si con lo que tienes haces lo que haces, imagina ahora cómo serían tus posibilidades para lograr nuevos propósitos, alcanzar nuevas cimas e imponer nuevas realidades, si piensas mejor, acumulas más información y te esfuerzas por crecer como ser humano. Hazte más grande y tus miedos se verán más pequeños. Evoluciona con tus pensamientos a tal punto que lo que te dé miedo ahora lo menosprecies y no cuente más adelante. Entre las ventajas que tienen los miedos está la de imponer un desafío para crecer como persona y verlos ya de manera diferente. Ponle un tamaño a tu miedo y ponle un tamaño a tu personalidad. Ahora deja tu miedo quieto, pero aumenta tu personalidad hasta una de mayor sabiduría. Tu miedo decreció en términos relativos, pese a que no se modificó por sí mismo. Si me pides un resumen, te lo daré: tu miedo te queda pequeño; es poca cosa ante alguien como tú.

**No te ocupes del miedo; ocúpate de ti. El miedo llegó, como ventaja, para que te hicieras más grande.**

Entender los aspectos positivos del miedo será de gran ayuda. Por ejemplo, muchas personas experimentan pánico escénico, pero ese miedo, antes de una presentación, equivale a vivir el momento, a concentrarte en él y a enfocarte en lo que te espera. Aprender a reconocer el miedo y dirigirlo hacia donde nos convenga es la mejor forma de apalancarse con él. Si vamos más allá, la mayoría de las personas de hecho tiene miedo antes de un evento, pero su sentimiento cambia cuando está en plena charla, conferencia o presentación. El miedo agudiza nuestros sentidos de forma que tengamos la habilidad para desempeñarnos correctamente.

El miedo nos mantiene vivos. Así digas que no lo sientes, que eres muy valiente o un espécimen extraño, ¿qué pasa si se te viene un carro encima, súbitamente, en una calle que intentas cruzar? O sientes el miedo y evitas que te embista, o te mueres. El miedo también es un reflejo de supervivencia. Así de simple.

También, el miedo puede verse como un incentivo para superarte y esculpirte como persona. Suponte que no le tienes miedo a nada. Que tienes cero defectos de fábrica en el tema miedo o que te desactivaron el chip del miedo en el parto. ¿Cómo te esfuerzas para superar lo que no hay que superar? ¿Cómo vas a ejercitar los músculos en el gimnasio si naciste con el cuerpo de un fisicoculturista? Esforzarnos para superar los miedos hace que nos desarrollemos como seres humanos, que nos interesemos en aprender para poder crecer.

El miedo puede ser una fuente de placer. Muchas cosas a las que tememos encienden sentimientos de euforia y emoción. Por eso muchas personas disfrutan de montañas rusas, películas de terror y deportes extremos. Al verlo desde esa óptica, asocias el miedo con energía y diversión.

El miedo es además un instrumento de manipulación para lograr ciertos fines. Esto puede sonar muy maquiavélico, pero es una realidad. Los políticos lo saben. Por ejemplo, el miedo es una herramienta política útil: los civiles asustados hacen lo que sus líderes dicen. Quizás estés pensando: "claro, tenían que ser políticos al fin y al cabo". No tiene que ver con la profesión; todos lo usamos, incluyéndote. Lo usa el asesor financiero con un cliente desinformado al que, valiéndose del miedo que siente por llegar a perder su dinero, le vende un producto dizque de "cero riesgo". Lo hace el novio con su novia, o viceversa, al decirle lo mucho que puede llegar a perder si no cambia su actitud o hábitos y se comporta mejor. TODOS manipulamos, en mayor o menor medida, y nos valemos de un sentimiento común para lograr nuestros fines: el miedo. Ríos de tinta correrían para exponerte más casos que pasan por mi cabeza, pero es suficiente por ahora. Espero haber sido claro.

# 2

# MIEDOS, GENERACIÓN DE RIQUEZA Y LIBERTAD FINANCIERA

—

## Una historia contundente

Una persona experta en la venta de bienes inmuebles invita a tres personas para que conozcan una mansión con el propósito de mostrárselas y ver si les interesa. Una vez en ella, empiezan a recorrerla; pasan por sus grandes salones, por el jardín, por la piscina, miran en los balcones la espectacular vista que tiene, en fin, hacen un recorrido completo y al final el experto habla con cada uno de sus potenciales compradores y les pregunta por separado qué les pareció.

El primero le dice: "no hay derecho a que haya personas que vivan en una mansión como esta cuando mucha gente en el mundo duerme debajo de un puente". El segundo le contesta: "gracias por mostrármela, pero yo no la necesito; la verdad, estoy feliz en el apartamento que tengo. Es pequeño, pero me conformo con él". Por último, y ante la misma pregunta, la tercera persona responde: "gracias por habérmela mostrado; es lo que merezco y tendré una así".

**Tú obtienes lo que decretas; conocer de primera mano lo que te gusta, te acercará a conseguirlo.**

El miedo es un atentado contra la fe. Es de ese tamaño. Suelo capacitar a las personas para que formen parte del 10% de la población que más ingresos gana en el mundo, no las capacito para que formen parte del 90% de la población de menos ingresos. Dicho en forma más simple, me interesa que formemos parte de las minorías, porque no hay mucho mérito en formar parte de las mayorías. Esas minorías que van por lo mejor, que no se conforman, y que como en el caso de la mansión, pueden decir: "hoy no tengo el dinero para comprarla; pero el día de hoy acaba pronto. Iré por ella, con determinación y sin pausa. Al conocer lo que quiero, al untarme de aquello con lo que sueño, lo acerco". No hay nobleza en la pobreza.

## ¿Qué es la libertad financiera en la práctica?

Cuando hablamos de libertad financiera hay dos definiciones que me gustan mucho. Una definición ortodoxa dice que hay libertad financiera cuando tienes el dinero trabajando de forma tal que te conviertes en el dueño de tu tiempo. Mira lo que eso implica: que el dinero "trabaja por ti" y está invertido en algo que hace que se reproduzca, de manera que puedes hacer cualquier otra cosa en tu tiempo diferente a alguna actividad que genere más dinero. Por ejemplo, ¿puedes ir un jueves en la tarde a un parque de diversiones con tu hijo, con la tranquilidad de que, mientras estás allá, simultáneamente estás ganando dinero? O de pronto eres de los que dice: "yo no puedo ir, Juan Diego, porque, primero, no me dan permiso en mi trabajo y, segundo, si voy, así sea independiente, ¿quién genera dinero mientras estoy allá?". Si te haces esas preguntas, no eres libre financieramente. Aún.

Hay una definición un poco más coloquial que me gusta bastante y que la leí de uno de los autores que más han influido en mí: T. Harv Eker, el autor de un fascinante libro llamado *Los secretos de la mente millonaria*. Eker dice lo siguiente sobre el tema de libertad financiera: "si puedes llegar a tu restaurante preferido, recibir la carta y pedir el plato que más te gusta sin tener que mirar la columna de la derecha del menú, estás empezando a adquirir libertad financiera". Es contundente y queda poco más que agregar.

## ¿Cómo ves la riqueza?

Imagina que sales de tu casa y pasa un gran Ferrari rojo convertible ante tus ojos, un auto sin duda espectacular. No puedes evitar verlo pasar y a la gente que va dentro. Ante la imagen puedes pensar varias cosas, muy distantes entre sí. Una reacción puede ser de resentimiento y envidia porque otro tiene algo que tú no: "ricachón malnacido, algún día me la pagarás". No te extrañes, hay gente que piensa así, como si les debieran algo siempre. Es más, personas que incluso llegan a la violencia o la agresividad y que serían capaces de rayar con sus llaves la pintura roja tan característica de los Ferrari, si tuvieran la oportunidad.

Estoy seguro de que no eres así y con certeza me atrevo a afirmar que estás en el camino de mejorar cada día más y lograr tu propia prosperidad material, emocional y espiritual sin destruir a nadie. Interpretas la misma situación de otra manera: "algún día tendré un carro como ese. Qué bueno que haya gente que se dé gusto y sea capaz de exhibirlo, sin miedo ni prejuicios".

Esta última mirada te estimula; te llena de fuego interior, al mismo tiempo que dices: "bueno, hoy tomo el autobús o el metro por necesidad, pero no necesariamente toda la vida tendré que hacerlo". Tomar el autobús o el metro no es ningún pecado, ni algo que sea vergonzoso, ni lo hace a uno mejor o peor persona, como lo he dicho en mis conferencias y en *Hábitos de ricos*. Durante varios años me transporté en estos medios. Pero ¿quién dijo que toda la vida teníamos que seguir tomando el autobús o el metro? O ¿quién dijo que toda la vida teníamos que seguir con el carro que hoy tenemos?

Bono, para cambiar de género e irme a la música, el legendario líder de la agrupación U2, dijo en cierta ocasión cuando le preguntaban por la diferencia entre un irlandés y un estadounidense: "un irlandés ve una casa espectacular en la cima de una colina y dice: 'el dueño de esa casa algún día me las pagará'. El estadounidense ve una casa espectacular en la cima de una colina y afirma: 'algún día tendré una casa como esa'".

De nuevo, el primer caso paraliza, irradia odio y resentimiento; la segunda lectura del mismo cuadro estimula, saca lo mejor del ser humano que la pronuncia, lo invita a buscar nuevos ingresos para satisfacer sus sueños. Hay personas que odian a los ricos por el solo hecho de que son ricos. Esas personas seguirán siendo pobres, te lo aseguro, así logren acumular capital o bienes, si no cambian su mentalidad, seguirán siendo tanto o más pobres que cuando criticaban a los llamados "ricos". En cambio, quien mantiene una mentalidad de progresar y cambiar, haciendo el bien y persiguiendo sus motivaciones profundas, obtendrá riqueza y prosperidad; quien no se sienta condenado a ser pobre para siempre, sino que vea que tiene el potencial para desarrollar su propósito de vida con sus talentos, no solo obtendrá las cosas materiales que desea, sino también la felicidad de cumplir junto a los suyos cada una de sus metas.

> **Aquello que odias es aquello de lo que te alejas. Algunas personas pobres de mentalidad odian a los ricos solo porque son ricos. Seguirán siendo pobres.**

Recuerdo a alguien que escribió en mi muro de Facebook: "cuando se muere un rico nadie lo llora". Ante afirmaciones como esta, te estás condenando a no ser próspero. No puedes odiar aquello que persigues, esa es la moraleja.

## Sugerencias para alcanzar tu libertad financiera

¿Qué es vital para progresar financieramente, encontrar el camino hacia la libertad financiera y mejorar nuestras finanzas personales?

Lo primero y a lo cual dedicamos en buena parte *Hábitos de ricos* es encontrar tu "para qué", ese propósito de vida, aquellas motivaciones profundas que te dan el valor necesario para vencer cualquier temor y armarte de perseverancia y tenacidad para hacer realidad tus sueños. Debes tener claro para qué quieres ganar dinero. El dinero en sí mismo no es nada, no tiene sentido una riqueza que se basa en acumular dinero y bienes materiales; acumulación no es riqueza. Generar ingresos para cumplir y satisfacer tus motivaciones más elevadas y profundas sí tiene sentido. A más motivaciones, encontrarás más respuestas de para qué quieres el dinero. Motivaciones *Nivel 10* y un *para qué* contundente allanan el camino hacia la riqueza.

"Juan Diego, a mí como que no se me ocurre para qué lo querría ganar, te soy sincero", he escuchado esto varias veces en las preguntas que me lanzan en las conferencias o que me hacen a través de las sesiones privadas con socios. Eso de no encontrar razones tiene un serio problema: si uno no encuentra razones, no obtiene dinero. ¡Así sea para donarlo, búscalo! Hay gente muy simpática que dice: "no hay derecho a que Carlos Slim o Bill Gates hayan tenido tanto dinero mientras exista tanta gente en el mundo sin un dólar para vivir". Yo digo: señor, señora, ¿tú sabes cuántos miles de millones de dólares donó la familia Gates a través de su fundación? ¿Cuánto has donado tú? Si uno no tiene siquiera con qué sostenerse a sí mismo, ¿qué va a donar o con qué autoridad puede juzgar a otros que lo han hecho?

Si no te importa mucho lo material, ni te apetecen los viajes, la ropa, los buenos colegios o los autos de lujo, consigue dinero y patrocina causas nobles, desarrolla tu altruismo, pero no te quedes quieto, por favor. De allí la importancia de seguir encontrando razones para tener riquezas y libertad financiera. Aquí van mis razones, que espero te inspiren.

**Primero: ser dueño de mi tiempo, de mi horario**. Yo trato de no perderme partido de futbol o presentación alguna de mis hijos, ni las actividades que más me gustan. En algún momento de la vida es normal que cumplamos con un horario en un trabajo o en una oficina, ¿pero debe ser esto *toda* la vida? ¿Cuándo vas a ser el dueño de tu tiempo, de tu agenda? ¿Después de muerto? Yo hace muchos años veía personas jugando golf un miércoles en la tarde y decía: ¿pero estos tipos es que no trabajan o qué? Hoy ya sé que los que juegan golf a las tres de la tarde de un día miércoles tienen a la tecnología y el dinero trabajando para ellos. Además, aunque suene fuerte, esas personas que juegan golf plácidamente se están beneficiando de los empleados que tienen trabajando en sus empresas, de ocho a seis, por un salario. El trabajo de otros sirve para que la empresa funcione y tenga dividendos para los accionistas. ¿Y quiénes son los accionistas? Esos jugadores de golf que son dueños de su tiempo. Así funciona el mundo tradicional del dinero y del capital. Esos señores han puesto otros recursos a trabajar por ellos, humanos y tecnológicos, generándoles ingresos. ¿Cuándo lo harás tú, cómo lo harás? Todos queremos ser dueños de nuestro tiempo, claro, y eso se consigue cuando otros recursos te generan el dinero necesario y los excedentes para poder hacer lo que quieres, sin necesidad de estar tú poniendo tu fuerza de trabajo directamente.

Como lo demostrábamos en *Hábitos de ricos*, descubre tu talento, tu para qué, y hoy en día apaláncate en la tecnología y en lo que sabes hacer para que ello te genere ingresos incluso mientras duermes. Hoy en día no es necesaria una gran infraestructura para obtener grandes sumas de dinero, basta una computadora y una buena conexión a Internet para hacer negocios. Alguien en algún lugar del mundo estará interesado en pagar por algo que solo tú sabes hacer, de manera que ese camino de generar ingresos te irá dando más tiempo para ti.

**Segundo, el nivel de ahorro es directamente proporcional al nivel de irreverencia**. ¡Amo la irreverencia!

Ustedes seguramente han tenido compañeros en el trabajo a los que les exigen muchísimo y de formas poco ortodoxas. Y nos preguntamos, ¿cómo aguantan tanto? ¿Cómo se tragan todos esos insultos y malos tratos? Más de un lector se sentirá aludido y me querría decir: "Juan Diego, si renuncio, ¿quién paga la hipoteca?". Cuando tengo ingresos abundantes, puedo ser más irreverente, exponer mis puntos de vista con libertad y hasta desafiar convencionalismos y paradigmas. Eso me gusta. Esa es una razón más que suficiente para motivarnos a conseguir dinero.

**Tercero, lo material no lo es todo, pero qué bien se siente y sabe lo que es fino y vale la pena.** Muchos de los que critican el consumismo, en el fondo se mueren por conseguir aquello que critican. Y lo digo con todo el respeto y con conocimiento de causa. Muchas personas me han manifestado lo culpables que se sienten cuando gastan dinero que antes no tenían; es más, sienten que ahora que han logrado contar con recursos suficientes para gastar en lo que quieren no lo merecen o deben ser prudentes y mesurados. Antes no podían hacerlo y hasta lo criticaban y ahora para que no los tachen de consumistas optan por acumular el dinero bien habido que han ido consiguiendo. No estoy haciendo aquí una apología de lo material; de hecho, las mejoras cosas de la vida son gratis, pero no nos engañemos: los mejores carros, viajes, vestuario, restaurantes, relojes, yates, lo que quieras añadir, sí que nos empuja hacia la felicidad. No son felicidad por sí mismos, pero ayudan. Que delicia entonces tenerlos y vivir la vida. No seamos hipócritas: es mejor llorar dentro de un Lamborghini.

**Cuarto, tantas causas bonitas que hay y que podemos patrocinar.** Ayudarle a quien lo merezca es una gran razón para progresar financieramente y buscar riqueza. Hay gente que encuentra un gran placer en ayudar a otros a lograr sus sueños, lo cual es válido, por supuesto. Enseñar a pescar, no dar el pescado, se dice popularmente, y con lo cual estoy de acuerdo. Basta con entregarle todo a una persona pobre, sin educarla al mismo tiempo, para condenarlo a seguir siendo pobre. Podemos dar un primer impulso, pero no correr la carrera por otros. Para ayudar también se requiere capital y es una gran motivación para generar ingresos encontrar causas para patrocinarlas.

Quinto, el placer de conseguir dinero lícitamente. Una vez le preguntaron a Warren Buffett cuál era el placer que veía en el dinero. "Conseguirlo de manera lícita y verlo crecer", respondió. Y fue un referente también en altruismo; es más, patrocinó la causa de Bill y Melinda Gates.

Sexto, ser consecuente. ¿Tú le creerías a un odontólogo al que le faltan dientes? ¿A un instructor de gimnasio obeso? ¿Me creerías lo que escribo y transmito en mis conferencias si no hubiera trabajado en el sector financiero, si no hubiera emprendido, si no hubiera decidido generar mis propios recursos, si no hubiera superado miedos y hubiera optado, en cambio, por ser un empleado que depende solo de un salario mensual? En absoluto. Nadie me creería. El ejemplo lo es todo.

## ¿Por qué la mayoría no consigue dinero?

Toda la vida oirás hablar de la mala distribución del ingreso que hay en el mundo y que el 10% de la población se queda con el 90% del ingreso mundial. Solo varían en algo los porcentajes, mas la esencia permanece y lo oigo desde que era un niño. Oyes hablar de las injusticias, que unos tienen mucho y que muchos tienen muy poco. Déjame decirte que eso que estás oyendo hoy lo seguirás oyendo en cien años. "Juan Diego, ¿entonces la mayoría no quiere conseguir dinero?". Claro que quieren, pero no lo hacen, ya sea por miedo, pereza o porque han carecido de alguien que los oriente en cómo educarse financieramente.

**No hay diferencia alguna entre una persona pobre, financieramente hablando, y otra que quiere ser rica pero que no hace nada útil para lograrlo. En Latinoamérica muchos quieren adelgazar comiendo mucho más.**

Aquí las personas, sin sonrojarse, y estoy hablando de las mayorías, ven tres telenovelas consecutivas y apenas terminan la última, contaminadas con tanta superficialidad, deciden hacer un "tránsito intelectual mayor" y van y ven un *reality show*. Después de todo ese proceso en el que han invertido cinco horas de tiempo dicen: "a mí no me rinde la vida". ¿Y qué esperaban?

No puedo progresar financieramente si lo que hago y pienso es inconsecuente con ese propósito. Hay mucha gente que quiere tener dinero en abundancia. ¿Y qué vas a hacer?, les preguntas. "Trabajar mucho", responden. ¿Pero trabajar mucho no es lo que has hecho en los últimos veinte o treinta años? ¿Por qué esperar resultados distintos haciendo lo mismo? Ahora, como me lo decía alguien en cierta ocasión, "si la mayoría no quiere dinero, más espacio dejan a los que sí lo queremos". La mayoría no tiene la determinación para progresar financieramente. Yo, en los seminarios de inversiones por Internet, muestro muchas veces las opciones que hay para invertir y que se aprovechan desde las 3 de la mañana (hora local), y no faltan los que me dicen: "es que yo soy muy malo para madrugar". Entonces les muestro otras alternativas que se habilitan a las 11 de la noche para acordar y hacer negocios y me dicen: "es que también soy muy malo para trasnochar". Lo que me queda claro de esos casos es que si quieren de verdad generar dinero, al menos invirtiendo por Internet, deben corregir sus hábitos, modificar sus conductas y tener la disposición de cambiar. En cualquier inversión que quieran hacer o negocio que quieran emprender, quien quiere ser rico no puede tener comportamientos que reflejen pobreza mental.

¿Estamos dispuestos a hacer sacrificios? ¿Estamos dispuestos a dejar de ver una telenovela y mejor leer un buen libro de finanzas? "No, Juan Diego, yo las novelitas no las dejo". Perfecto, eso es respetable, pero entonces no estás dispuesto a pagar el precio de progresar.

Una vez se me acercó un camarógrafo de televisión y me preguntó: "don Juan Diego, ¿por qué el Premio Nobel de Economía no se lo dan a Bill Gates o Carlos Slim o a alguna persona que haya empezado desde abajo y haya demostrado su capacidad de hacer dinero?". La pregunta me la hacía luego de haber grabado un programa en el que hablábamos del premio otorgado a Robert C. Merton, cuyas teorías se usaron para especular y propiciar una de las más sonadas quiebras en la historia de los mercados financieros, el caso del *Long Term Capital Management*.

Lo que estaba de fondo en la pregunta era por qué se galardonaba a una persona por logros teóricos que con el tiempo mostraban fisuras al ser interpretados o utilizados, y no a personas que obtenían resultados prácticos en la generación de capital.

Esa pregunta me remontó a algo de mi experiencia personal. Hasta el año 2003 había escrito cuatro libros, de los siete que he publicado hasta el momento. Era profesor desde los veinte años, daba conferencias en muchos lugares, pero me mantenía sobregirado, con más gastos que ingresos, no era capaz de traducir en dinero, en buenas inversiones, lo que sabía, veía o leía.

Alguien me dijo una vez: "si tú crees tener muchos conocimientos sobre algo o te crees muy inteligente, eso lo debería reflejar tu cuenta bancaria". Eso llegó muy hondo, un golpe al hígado, y desde entonces he tenido el reto de extraerle dinero a mis conocimientos. Volver dinero lo que sé o aprendo se convirtió en un desafío permanente para mí. No me gusta ser el rey de la teoría, ni tampoco refugiarme en el azar para progresar. A eso sí le tengo miedo: a depositar mi futuro en el azar. Como si las cosas buenas se produjeran por generación espontánea.

Llegamos a un tema clave: suerte, azar y riqueza. Mucho cuidado y lo digo sin anestesia: "los juegos de azar son los impuestos a la estupidez". Y los he jugado. Yo sé que más de una persona estará diciendo que por terapia y por ponerle un poco de picante a la vida compran lotería o apuestan en la ruleta de vez en cuando. Se perdona cuando no es frecuente. Pero cuando nos refugiamos en el azar para progresar financieramente, ¿para qué estudiamos entonces? De allí la importancia de encontrar nuestro propósito de vida, ¡y explotarlo!

**Con esa realidad a cuestas, se entiende por qué las pirámides, los esquemas ilegales de captación de dinero, mutan en el tiempo, se transforman, se ponen una máscara diferente, pero tienen un patrón común: aprovecharse de la gente que no ha podido volver dinero lo que saben.**

En los seminarios he tenido a muchas personas que me dicen: "yo he caído en las pirámides, en esquemas de captación ilegal de dinero". ¿Por qué llegaste a ellas?, les preguntaba: "es que me prometían una rentabilidad alta y garantizada". Error. Las mejores inversiones nunca garantizan la tasa, primero, y segundo, desconfía de alguien que te diga en un mercado de renta variable que te puede garantizar una rentabilidad por anticipado, máxime si es alta.

No todo tiene un color oscuro en el tema de la suerte, el azar y la riqueza. Hay tres enseñanzas del póker que nos podemos llevar y son claramente útiles: primera, el buen jugador de póker, como el buen inversionista, mantiene el mismo nivel de excitación en todas las etapas del juego; fríos invirtiendo; no se creen el mejor cuando ganan, ni el peor cuando pierden. Segundo, el juego no lo hacen las cartas que te llegan, sino lo que haces con ellas; lo que marca la diferencia en el póker y en la vida es lo que haces con los recursos que tienes disponibles. Apalancamiento en su más genuina expresión.

> **Hay gente que con muy poco hace mucho, y hay gente que con mucho hace muy poco. Hay condiciones de desventaja para muchos que prácticamente los rotularían de potencial fracaso, y sin embargo se apalancan con lo que saben o tienen.**

Y tercero, que a mí me encanta: ante una buena mano el buen jugador aumenta su apuesta. Si tú crees que una inversión es buena y la has estudiado; si tú crees que tu emprendimiento será exitoso y lo has analizado, no dudes en invertir todo tu capital, tiempo y energía, o buena parte de ellos, en esas opciones; si te visualizas ganador con una inversión o emprendimiento, invierte (léase apuesta en el mundo del póker) como lo hiciera una de las mayores leyendas del siglo XX y XXI en el mundo de las inversiones, George Soros: "¡muy duro y a la yugular!".

## "Quemar las naves"

Quemar las naves es una expresión que ha existido por siglos. Se utilizaba en contextos bélicos cuando un ejército desembarcaba en territorio enemigo con sus propias naves y el capitán daba la orden de quemarlas, de forma tal que no te quedara opción sino de ganar o ganar. No había forma de retractarse o de huir. ¿Te quieres regresar?

Perfecto, debes vencer al enemigo para quedarte con sus naves porque ya las tuyas no existen.

Esa expresión de urgencia me encanta. Solamente cuando tienes una presión alta, ves de qué estás hecho. Hay una persona que admiré mucho, que en paz descanse, llamada John Ilhan, y quien fuera uno de los hombres más ricos de Australia. Él empezó desde cero a edificar su emporio de celulares de bajo costo, Crazy John's. John montó su negocio con la hipoteca de la casa de sus papás, quienes para ayudarlo la habían dado en garantía a un banco por 8 000 dólares. Era ganar o ganar. Si ese señor no tenía éxito con su negocio, sus padres se hubieran quedado sin casa. ¿Qué creen ustedes que pasó? Que tuvo éxito, se hizo millonario, e hizo millonarios a sus papás; les construyó una casa de varios millones de dólares que tuvimos oportunidad de conocer. ¿Cuál era la urgencia de John Ilhan? Si fracasaba, sus padres quedarían sin dónde vivir. ¿Cuál es la urgencia entonces de quemar las naves? Que si no venzo, no tengo cómo regresar. No tengo más remedio que más que buscar el éxito de mi iniciativa. La pregunta que te quiero hacer, amable lector, es: ¿cuál es tu urgencia?

Si yo todo lo tengo medido, si yo "no necesito nada", me estoy enviando un mensaje: "estoy bien". Nada que atente más contra el progreso financiero que la comodidad. ¿Por qué la mayoría de los empleados no consigue dinero nunca? Porque, como lo hemos dicho, se vuelven cómodos. Es más, yo fui empleado y me impactaba la transformación maxilofacial de mis pares los días en que pagaban. Había más sonrisas, rostros relajados y un alivio que iba mermando al transcurrir de los días.

Cuando empiezas a educarte financieramente no tienes ni la menor idea, ni te importa, si hoy es 15 o es 30, o es 8 o es el día 23 del mes; no te interesa en lo absoluto. Solo desarrollarás tu genio financiero, y todos lo tenemos, cuando te veas sometido a la urgencia como se vieron los que destruyeron sus naves y como se vio John Ilhan montando su primer negocio con el capital que le dieron por una casa hipotecada. Tuve la fortuna de verme sometido a la urgencia. "A mí me tiraron la vaca por el precipicio". Y ya sabes el resto de la historia.

Pregúntate esto, además: ¿a cuántos empleados de los que hoy trabajan para esa gran empresa que admiras les envidias el salario? De pronto al presidente. Divide 1 entre 500 empleados. ¿Qué tan inteligente es, financieramente hablando, buscar ese porcentaje tan bajito? No lo es. Ahora, si crees que ganas mucho, simplemente compárate con más personas. Una cosa es creer que ganamos mucho y otra cosa es que así sea. Alguien me decía en cierta ocasión que el día en que te sientas el más inteligente del salón, amplía el tamaño del salón; solo así seguirás progresando.

## "¿Cómo quemo mis naves?"

Qué tal el siguiente reto que te propongo. Tienes un dinero presupuestado para pagar el semestre universitario de tu hijo, o el colegio, o la guardería, o lo que sea, es un ejemplo. En esencia, una partida que tienes destinada para un gasto ya previsto y que sea para algo indispensable. Dinero sagrado. Ahora lo vas a tomar, óyeme bien, lo vas a tomar, y lo vas a invertir en un fondo o en una alternativa de inversión que no puedas tocar en los próximos meses. O sea, ese dinero ya no existe por ahora. Olvídate de él.

Desde el momento en que "renuncias" a ese dinero, ya eres otra persona. Vas a hacer de cuenta que no tienes el dinero. La obligación, sin embargo, sigue ahí: debes pagar la educación, la guardería, lo que hubieras elegido. Te has puesto tú mismo una urgencia y te estás sometiendo a una presión que antes no tenías. ¿Para qué? Es un ejemplo, un ejercicio, para saber a qué estás dispuesto, para saber de qué estás hecho. Se te van a empezar a ocurrir cosas, ideas de negocios, actividades por hacer, que nunca se te ocurrieron cuando contabas con esos recursos porque debes conseguirlos, sí o sí, porque está de por medio el bienestar de tu hijo. ¿Y si por sufrir se me perfora la úlcera, Juan Diego? ¡Pues que se perfore! Igual ya estabas medio muerto viviendo una vida por debajo de tus posibilidades. ¿Cómo la ves? A esta prueba la he llamado "prueba ácida". No apta para quienes piensen que el miedo es más grande que sus sueños. Así de simple.

Si a pesar de lo anterior crees que naciste para ser un empleado, recuerda algo: el S.A. no significa siempre Sociedad Anónima, significa sin alma, y lo segundo: ponle competencia al empleo que hoy tienes, con una actividad adicional, para que no dependas de un ingreso, que por cierto, no sabes si lo tendrás mañana. Soy enfático en esto.

**No dependas de tu ingreso como empleado, por contento que estés, por importante que creas que eres, o porque te hayan dicho: "igual a ti no hay nadie". ¿Sí? No te creas eso, "no te tragues ese sapo".**

Quiero que algo quede muy claro: no estoy diciendo que renuncies hoy a tu empleo o que todo el mundo tenga que llevar a cabo la "prueba ácida". En ambos casos, te estás sometiendo a una presión necesaria para incentivar tu ingenio, para explotar el potencial que tienes, para sacar del carbón el diamante, para probarte si eres o no una persona púrpura que desea algo diferente para su vida y puede dar el salto de hacer algo que no disfruta y no le es rentable a hacer lo que más le gusta ganando dinero con ello. No es para todos, puedes seguir en tu vida cómoda, pero no serás realmente rico.

Profundicemos en lo de "ponerle competencia al empleo que ya tienes". Aquí va. Mientras trabajas en tu empleo actual, siempre ten un plan B, para que tú después, y como me pasó a mí, le digas a tu empleador: "me voy por mi propia voluntad, a cumplir mis sueños, a construir mi destino". Tu plan B se volvió tu plan A. Este fue mi caso: llegué en 1999 a la Escuela de Ingeniería de Antioquia, una prestigiosa universidad colombiana; trabajé hasta el 2004, y en ese año ya había crecido tanto el plan B, que le dije a la institución: el ciclo está cumplido, ya no puedo trabajar más con ustedes. Con dolor en el alma lo hice, porque fue una etapa muy fructífera, intelectualmente hablando, y solo la palabra gratitud resume lo que siento por la Escuela de Ingeniería de Antioquia.

Siempre que vayas a desarrollar un negocio piensa si se puede operar en piloto automático; mientras más automatizado tengas un negocio, más tiempo libre tendrás para lo verdaderamente importante. Hay personas que van de aquí para allá; siempre están escasas de tiempo; trabajan bastante, están en múltiples reuniones, conocen a mucha gente, pero al final del día, como dicen algunos, no progresan financieramente.

Hace algunos años pude ver algo patético, lamentable, en la guardería a la que asistía mi hijo: había una presentación de los niños y uno de ellos no tuvo a nadie que lo acompañara; era el día en que se homenajeaba a los abuelos. Al verlo solo, le pregunté a la profesora por los padres del pequeño y por sus abuelos. "Los abuelos no viven en la ciudad, me dijo, y los papás nunca tienen permiso para venir a este tipo de actos porque deben trabajar; nunca los vemos". Yo me pregunto, ¿esos padres no son más bien *desempleados que trabajan*? Personas que aún creen que les están pagando, pero ¿realmente quién le paga a quién? ¿Cuánto vale ver a un niño, a un hijo, en un acto público? No tiene precio. ¿Por qué perdernos de eso si cuando menos lo pensemos habrán crecido y con sus alas emprendido vuelo? Tengo amigos esclavos del trabajo; los empleados típicos que dicen que este semestre no conocieron siquiera a los profesores de sus hijos; los mismos empleados que me dicen que pedir permiso es una osadía y que para no pelear ni caer en desgracia con sus jefes, pues prefieren callar. ¿Qué calidad de vida es esa?

Cuando decimos que hay gente que trabaja muy duro, pero que no avanza financieramente, debes preguntarte desde ya lo siguiente: ¿lo que haces hoy te deja tiempo libre para sembrar tu libertad financiera futura? Si tú trabajas mucho, y crees ganar bien, pero no tienes tiempo libre, terminarás ganando menos. Si por el contrario ganas poco, pero tienes tiempo libre, terminarás ganando mucho más de lo que hoy ganas. Te voy a poner un ejemplo específico. Yo llegué a la Escuela de Ingeniería de Antioquia con un salario de profesor universitario en Colombia que, como supondrás, es bajo en promedio. Venía de ganar un buen salario como ejecutivo en una importante empresa del sector privado. Me dijeron en la universidad: "aquí obviamente no le podemos pagar lo que le pagaban en la empresa privada". Yo les dije: "no importa; lo único que pido es que no tenga una carga completa como profesor; es decir, quiero no solo dictar clases todo el día, sino tener tiempo para investigar y escribir". Me dijeron que no había problema. Para resumir la historia, permíteme decirte algo: hoy soy, ni más ni menos, lo que sembré en ese tiempo libre, como investigador y escritor. Todo lo que me dediqué a invertir por Internet, a escribir, a enseñar, lo estoy cosechando ahora. De aquí se desprende una moraleja: hay quienes creen estar ganado muy buen dinero, pero no tienen un minuto libre al día para invertir en su verdadero futuro. Supongamos que no haya mayores sobresaltos en su vida laboral; se jubiló y ¿qué va a ocurrir con la pensión? Será menor que los ingresos que devengaba como empleado. Si tú crees estar ganando poco, pero te dan la opción de ser el dueño parcial de tu tiempo, con lo que ello implica, terminarás ganando más que los demás siempre y cuando aproveches ese tiempo.

Trabaja duro para que el dinero y la tecnología te reemplacen. Pregúntale a una persona con un bajo nivel de escolaridad qué piensa hacer para progresar financieramente. Lo primero que se le viene a la cabeza es trabajar más duro, como lo he dicho tantas veces. No te dicen algo como voy a poner el dinero a trabajar mejor, me voy a clonar en Internet o leeré más para que se me ocurran mejores ideas, tal y como lo expliqué en *Hábitos de ricos*. No; solo se les ocurre "trabajar duro", lo mismo que llevan haciendo hace veinte o treinta años. También te dicen que estudiarán otro posgrado para mejorar su perfil y, posiblemente, ser ascendidos.

Recuerdo como si fuera ayer, y durante un posgrado de finanzas del que fui profesor, que tenía alumnos que me decían que se habían inscrito solo porque era un requisito para ascender dentro de su empresa a cargos de mayor nivel y remuneración. Cuando les preguntaba cuánto más podrían ganar con ese título a cuestas, me decían que cerca de cien dólares más al mes. ¿Qué?, pregunté entre sorprendido y decepcionado. Pensaba yo, cómo era posible dedicarle tantas horas a hacer algo que no disfrutaban, que los obligaban a hacer, solo por un monto adicional tan bajo. Para mí, ese tipo de personas, de nuevo, son desempleados que trabajan. No vacas púrpuras en potencia, como las que me gusta ver en mis seminarios y conferencias. De vacas blancas, conformistas e insípidas, está lleno el universo como para que decidas seguir siendo una más, teniéndolo todo para vencer tus miedos, ser dueño de tu tiempo y orientar tu vida hacia la riqueza.

# 3

## LOS MAYORES MIEDOS

—

El miedo a vencernos a nosotros mismos es uno de los miedos más peligrosos; el miedo a vencer esa voz limitante, esa voz interna que nos habla todo el día y nos censura. Esa voz que te dice: "eso no va a resultar, eso será criticado, mejor no asumas riesgos, quédate quieto, eso es para otros". ¿La identificas? Claro que sí. Esa voz, que te habla todo el día, y que suelo llamar "Matilde", es la que compite con la voz de tu ser esencial; la voz que te quiere ver brillar, la voz que quiere que ese gigante que llevas adentro, despierte; la voz que no renuncia a capitanear tu destino; la voz de ese ser indomable, del auténtico domador de demonios. "Matilde", esa voz limitante, crece como espuma en muchos seres, a tal punto que dificulta su existencia. Déjenme decirles con toda la alegría y con el propósito de que muchos se apalanquen conmigo, que hoy en día, mi mayor placer es vencerla, superarla, hacerla ver pequeña; que cuando se compare con el ser en quien habita, le cueste competir, y se retire al lugar de dónde no debió salir.

**Solo cuando tú sientas placer haciendo algo, lo haces; solo cuando sientas que algo te produce un beneficio, lo llevas a cabo.**

La batalla más épica de las personas es contra sí mismas, contra "Matilde", aunque le puedes cambiar de nombre, si así lo deseas. Cuando sin razón dejas de saludar a alguien, ¿quién lo hizo, tú? ¿La voz de tu ser esencial? ¿O, por el contrario, lo hizo tu voz limitante? Cuando te abstienes de levantar la mano para dar tu opinión en medio de una presentación o conferencia, ¿quién decidió? ¿Tú, de nuevo, o "Matilde"? Suficiente ilustración. Te podría poner como ejemplo cientos de situaciones diarias en las que ya no sabes quién está al timón.

**Solo te digo algo, por experiencia, y luego de irla domando, como se doma a una fiera: mientras más crezcas como ser humano, más pequeña se hará tu voz limitante, la voz que llevas dentro de ti. Simplemente, se cansará de competir.**

Dudo que haya un placer más grande en mi vida que vencer a esa voz que trata de limitarme. Me río de ella en muchas ocasiones. Cuando en medio de una presentación bailo, salto, río y canto; me pongo gafas oscuras, como si fuera un niño; pregunto por ella y, por supuesto, no aparece. Cuando soy capaz de vencerme a mí mismo, cuando dejo que mi voz limitante hable, pero no le hago caso, cuando me dice que estoy haciendo el ridículo, expresión muy usada por las vacas blancas por cierto (léase seres normales o comunes que suelen morir como carbón), es cuando más disfruto derrotarla y hacer lo opuesto a lo que ella me dice que haga.

No te fíes, sin embargo; es una voz traicionera y mezquina; se alimenta cual sanguijuela de tus debilidades; ama tu falta de energía, tus dudas, depresiones, tristezas y ataca de nuevo. Se alía con sus hermanos. El mayor es el ego, poseedor de la verdad absoluta y poderes ilimitados; y, Soberbia, su hermana, una rebelde caradura que se cree de sangre azul. "Matilde" se nutre de la maleza que hay dentro del ser, y cual vampiro, le huye a la luz, al brillo de una vaca púrpura, de ese ser extraordinario que habita en modo "hervir" y del que es su mejor exponente.

"Claro, Juan Diego, reconozco esa voz y a sus hermanos también; han sido protagonistas incluso de mi lento transitar y, si me apuras un poco, hasta de mi falta de progreso financiero. Recuerdo esa voz diciéndome que no corra riesgos, que en esta vida ya no fui rico; que tocará esperar a otra vida. Esa misma voz retumba en momentos en los que quisiera emprender, y en los que por cierto siembra la duda, el miedo a que eso no va a funcionar; es la voz que me invita a quedarme quieto, porque quizás ese es tema de otros. Reconozco esa voz y la quiero derrotar. Dame por favor más luces para hacerlo". Claro que sí.

Practica. Cada vez que puedas, levanta la mano y habla en público, así tiembles, te pongas rojo, sudes, pero habla; al hacerlo, le enviarás un mensaje: "Matilde, prepárate que la batalla será dura; mi ser esencial, lo mejor de mí, acaba de vencerte". Y no desaproveches nada. Ninguna ocasión. Si no sabes bailar, pues baila; es mejor hacerlo que decir: "es que así soy yo, yo no bailo". ¿Quién dijo eso, tú o "Matilde"? Canta, cuenta un chiste, vístete diferente, haz el ridículo, haz el ridículo. Dos veces te lo digo. Hacer el ridículo es en muchas ocasiones vencerse a sí mismo; para una vaca púrpura, para un ser especial, no hay nada más serio y trascendental en la vida que vencerse a sí mismo cuántas veces sea posible.

Si tú enfrentas cada miedo por el placer de vencer a "Matilde", y lo haces, te aseguro algo: la suma de todas las victorias te llevará a la cima. Cuando veo por el espejo retrovisor los miedos que he superado, cuando recuerdo a la distancia eventos púrpuras como el del mítico teatro Gran Rex, en Buenos Aires, Argentina, con esa experiencia maravillosa llamada Cómo enriqueSERse, ratifico una vez más que quien supera un listón llamado miedo pisa una nueva tierra llamada progreso.

Piensa en lo que más quieres en esta vida. Tu familia, tu libertad financiera, viajar por el mundo, el emprendimiento con el que sueñas. Si eso es realmente importante, cualquier miedo que compita le quedará pequeño. Incluso, puedes ponerle un tamaño a tu miedo, o un puntaje de 1 a 10, en orden de gravedad; solo tú sabes cuáles son los miedos que más te agobian. Ahora supongamos que cualquiera que sea tu miedo, tuvo un puntaje de 8, es decir, un miedo considerable, alto. No obstante, si lo que más quieres en la vida recibe un 10 aclamado en importancia, el tamaño relativo de tu miedo habrá disminuido. ¿Moraleja? Aumenta la importancia en tu vida de aquello que realmente valoras, y tus miedos, ya comparados, se verán pequeños. Un miedo, el que escojas, no es grande o pequeño por sí solo; requiere de un competidor fuerte que lo minimice.

## El miedo a cambiar

¿Qué ganas si cambias? He ahí la razón para que cambies o no. Todos tenemos fuerza de voluntad. Solo hacemos uso de ella si creemos que vale la pena. Mira este caso: una jovencita que cree tener unos kilos de más es sometida a una dieta en la que le restringen harinas, grasas, chocolates y dulces. En medio de la dieta, ella flaquea, y en las vitrinas y supermercados en los que abundan las delicias que le prohibieron, parecieran haber instalado magnetos que la atraen. "Al diablo con la dieta", termina diciendo. Días más tarde, un galán parece haber irrumpido en su vida; súbitamente, y sin que nadie se lo diga, la fuerza de voluntad es ahora su nueva mejor amiga, hace más deporte y come menos dulces. ¿Qué pasó aquí? La motivación para cambiar se manifestó en forma de príncipe azul y retomó la dieta. Uno cambia solo si quiere; cambias si hay razones fuertes para ello.

"¿Y qué pasa, Juan Diego, si yo realmente estoy bien como estoy y no veo necesario un cambio?". De nuevo te pregunto, ¿qué es estar bien, si por encima de bien está mejor? Tuve la fortuna, como seguramente muchos de mis lectores, de leer una fascinante biografía sobre Steve Jobs, que en paz descanse, y quien es hoy en día referente en unos sentidos y ejemplo en otros. Cerca de setecientas páginas tiene esa publicación. Había una frase de Jobs que nunca entendí viniendo de una persona tan inteligente como él: "es que así soy yo", solía decir cuando le preguntaban por qué trataba tan mal a muchas personas por razones intrascendentes. Cuando decimos "así soy yo", simplemente estamos reconociendo nuestro miedo a cambiar. Hoy podemos ser de una manera, y mañana de otra, si así lo queremos. Como lo indicara la logoterapia, denominada la tercera escuela vienesa de psicoterapia: "todo ser humano posee la libertad de cambiar en cada instante. Podemos predecir el futuro de un hombre en el marco de un estudio estadístico, pero su personalidad es impredecible. La base de cualquier predicción viene conjugada por las condiciones biológicas, psicológicas o sociológicas. Sin embargo, uno de los rasgos principales de la existencia humana es, precisamente, la capacidad para elevarse por encima de esas condiciones y trascenderlas. Análogamente, en última instancia, el hombre se trasciende a sí mismo, es un ser autotrascendente".

Nos podemos reinventar, literalmente, y cambiar. Una de las personas que más admiro por su tesón es Ana Amalia Barbosa, que para muchas personas podrá ser una mujer desconocida. Ana Amalia quedó tetrapléjica tras sufrir un accidente cerebral. No obstante poder mover solo algunos músculos de su rostro, escribe libros a través del pestañeo, que logra plasmar en palabras su asistente, mientras también se dedica a enseñar a niños con parálisis cerebral. Después de su accidente se le preguntó cómo definía su vida. En una palabra, y moviendo sus pestañas, la definió: reinvención. Lo que le había ocurrido era visto como una oportunidad para hacer cosas nuevas, explorar nuevos sentimientos, reinventarse, en otras palabras. Casos similares vemos con Nick Vujicic o Tony Meléndez. Les faltan algunas "piezas", sí; pero tienen en abundancia otras, como la actitud para reinventarse, y con ellas apalancan su vida. Viendo ese tipo de casos, ¿de qué nos quejamos entonces? Imagínate que cualquiera de ellos opinara sobre los problemas que tenemos y que en ocasiones pensamos que son gravísimos, insuperables o demoledores. Quizás ellos los vean como un juego de niños. Cuando algo nos abrume pensemos en lo que ya han superado muchos; será un alivio hacerlo para dejar de quejarnos y avanzar.

**Creemos que nuestros problemas son insuperables; hasta que los comparamos con los de otros que, por cierto, no se quejan.**

Cuando alguien me dice que quiere un nuevo empleo, pero que le da miedo renunciar a su trabajo actual que le provee la estabilidad para cumplir con sus deudas, solo le digo: quizá te falta aburrirte aún más en ese empleo que tienes, como para que ni siquiera lo pienses tanto o para que la seguridad que valoras no sea la que prevalezca a la hora de tomar una decisión. Debo encontrar una motivación fuerte que eclipse el miedo que tengo.

Si te aburriste mucho con tu empleo actual, y finalmente decides hacer el tránsito hacia tu plan B, procura cobrar con base en el valor que generas, no con base en las horas trabajadas. Las personas que trabajan conmigo tienen un porcentaje de lo que reciben de pago variable; es decir, que ganan más mientras mejor le vaya a mi empresa o al producto en el que participan directamente. Yo las reto y les digo: fijen ustedes mismos sus ingresos. ¿Quieres más? Dame ideas, ayúdame a crear productos. Generalmente el pago fijo aburguesa, te expulsa hacia una zona de confort. Cuando la persona me dice que trabajó un número determinado de horas, y que esas horas se deben pagar a equis valor, le sugiero que lo mire de otra manera. No habrá un día de más de veinticuatro horas y algunas de ellas las destinas a dormir en algún momento; total, es mucho más inteligente, financieramente hablando, cobrar con base en el valor agregado que das o en el dinero que ayudas a generar. Si tanta confianza te tienes, que te paguen por lo que sabes hacer, no por el número de horas trabajadas.

Recuerda. No hay miedos grandes ni miedos pequeños; solo existen motivaciones fuertes o débiles al lado para compararlos.

## El miedo a no ser felices

No aplaces la vida que quieres vivir. Ni aplaces más la obra benéfica que quieres hacer, ni ese viaje por realizar, ni la llamada a ese ser querido que se alegrará de oírte, familiar o amigo. Es más, llámalo ya y dile que lo consideras alguien importante en tu vida; que te alegras de que la vida los haya unido, y que nada hará que se separen. Si quieres, di que la llamada la motivó esta lectura, que es un reto que aparece en el libro, pero, por favor, llama tan rápido como puedas. Yo sé quién estará feliz si no lo haces: ¡"Matilde"!

Con el paso del tiempo me he vuelto un gran aficionado a invertir en experiencias, no solo en activos financieros. Algo que nadie me quitará. En viajes, eventos, seminarios, fiestas, museos, en conversaciones fascinantes. ¿Por qué?, te preguntarás. Porque no quiero morirme como se mueren la mayoría: aplazando las cosas. Nadie asiste a su velorio con un camión de mudanzas secundándolo. No me llevaré nada; solo lo que viví y lo que hice.

Asegúrate de dos cosas para que no caigas en la tragedia del perfeccionismo, que puede ser un obstáculo para ser feliz, y deja de pensar que todo lo puedes y todo lo mereces. Primero, agradece todo cuánto te pase, incluyendo lo que en apariencia no sería susceptible de agradecerse; y segundo, disfruta las cosas buenas que te pasen; celébralas, vívelas, siéntelas, aprécialas, sin que tengas que estar pensando en que son pocas frente a las que probablemente vengan.

**No podemos esperar a reencarnar para ser felices; debes vivir la vida que tienes pensando en que será la última. Las posibilidades con las que cuentas hoy quizá no las tengas mañana.**

Algo muy especial, con base en lo anterior, me pasó en el Teatro Gran Rex de Buenos Aires, Argentina, en la mencionada conferencia que dicté el 5 de agosto de 2016 ante un auditorio a reventar. Me sentía feliz, orgulloso del evento, conmovido por la reacción y la calidez de las personas. Hasta ahí muy bien. Pero en medio de la presentación ya comenzaba a pensar en cuál sería el siguiente paso y empecé a ver cómo el teatro se hacía relativamente pequeño. Otro reto empezaba a encontrar lugar en mi mente: llenar el Estadio Monumental de River Plate, La Bombonera de Boca Juniors, el Atanasio Girardot de mi ciudad, Medellín, o el Estadio Azteca de la Ciudad de México. "¿Y es que hay algo de malo en ello, Juan Diego?". Nada de malo, creo yo; poner el listón alto es una necesidad para progresar y de hecho sabes la máxima con la que pavimento mi camino: "agradecido con la vida, pero inconforme permanente".

No obstante, y si te soy sincero, sí pensé lo siguiente: ¿por qué, en vez de darle más gracias a la vida por lo que acaba de pasar, de saborearlo y vivirlo más intensamente, ya estás pensando en cosas más grandes para el futuro?". A veces me inquieta no sentirme satisfecho con nada, siendo yo amante de la frase "todo es insuficiente". En ocasiones recuerdo el mito griego de Sísifo, al que los dioses condenaron por orgulloso y desobediente, haciéndolo subir una roca hasta la cima de una montaña, para luego dejarla rodar, y repetir indefinidamente el proceso. Concluí que alcanzar una meta es un gran motivo para festejar por lo que hicimos bien, pero no es el límite para detenernos y dormirnos en los laureles. Hay que disfrutar de cada momento, de cada meta conseguida, agradecer infinitamente porque la vida nos permitió alcanzar ese momento, pero siempre lograr tener la perspectiva de que podemos hacer un esfuerzo más, que siempre habrá cosas más grandes para lograr y que podemos hacerlo.

## El miedo a no encontrar nuestro propósito de vida; nuestro para qué

Le tememos al cómo. Nos preguntamos cómo seremos ricos; cómo lograremos un ascenso; cómo podremos emprender; cómo será el año que viene, cómo puedo encontrar mi propósito de vida y mil cómos más. A medida que acumulo años, le doy mayor validez a lo que alguna vez oí: "acumula méritos y deja que el universo se encargue del cómo".

Viajaba rumbo a Buenos Aires, Argentina, a visitar a unos amigos en compañía de mi esposa. El vuelo hacía escala en Lima, la bella capital peruana. Como cualquiera de ustedes lo haría, me tomé una *selfie* en medio de la escala y la publiqué en las redes sociales anunciando lo feliz que me encontraba por estar allí, así fuera por tan solo un par de horas. Sin que transcurrieran siquiera minutos, ya tenía una buena cantidad de comentarios en las redes en las que me preguntaban dónde y a qué horas daría mi conferencia en Perú. "No daré conferencia alguna, solo estoy de paso", respondí. La gran cantidad de seguidores peruanos me llevaron a pensar: ¿y por qué no dictar una conferencia en Perú? Si tan solo una foto suscita el interés que percibí, ¿qué pasaría si hacemos una conferencia allí y le damos amplia divulgación por medio de las redes y You-Tube? La idea me gustaba así no tuviera la necesidad de hacerlo. Hasta ese momento disfrutaba de los aeropuertos y los viajes solo si estaba en compañía de mi familia y si se trataba de las habituales vacaciones con ellos. Viajar a dictar conferencias no estaba en mi hoja de ruta y de hecho no terminaba de seducirme. Para resumir la historia, Lima fue una de las primeras estaciones de la gira de Cómo enriqueSERse, con un auditorio a reventar. Comprobé, una vez más, que así no quieras hacer algo, tú no eres quien finalmente decide. Alguien más grande que tú decidirá por ti y se encargará del cómo. Las conferencias llegaron por doquier en toda América; las disfruto muchísimo, y cada vez que dicto alguna recuerdo su origen: una *selfie*, o más bien, algo que solo tenía que pasar para desarrollar más mi propósito de vida.

Después de esta reflexión inicial, te daré luces concretas para que encuentres ese propósito: no hay nada más importante que servir; desde lo que hagas, con tus palabras, con tu compañía, con tu atención, con tu tiempo, con tu dinero, con las uñas si es necesario. A eso viniste a este mundo. Y como sé que te gusta el dinero, te diré algo: cuando menos lo he buscado más me ha llegado. Parecería increíble. Los años de mayor crecimiento como ser humano, los años en que más me he preocupado por ayudar a los demás; los años en los que la transformación de millones de personas se ha vuelto mi obsesión, lo más importante de mi vida, más que la vida misma, han "coincidido" con los años de mayor crecimiento en ingresos. Qué mágico es evocar a estas alturas aquella frase que reza: "tú no te concentres en el resultado, dinero, viajes, tiempo libre; tú concéntrate en el propósito de tu vida, que él te llevará al resultado". Te aseguro que eso es verdad.

Al servir, desarrollamos muchas habilidades: escuchar a los demás, ser menos egoístas y volvernos más sensibles, despuntan entre las más importantes. Al servir, sientes que la vida tiene un mayor sentido, sobre todo cuando compruebas que tus palabras y lo que haces han contribuido a cambiar algo y, cómo no, cuando te lo dicen las personas a quien sirves. Una nota, un correo electrónico, una llamada son suficientes para que tu llama interna se avive, y ya nunca más quieras que se apague. Solía ser una persona muy dura y egoísta; sin afirmar que me era indiferente el dolor ajeno, siempre procuraba pensar primero en mí; posiblemente por haber sido hijo único durante casi 8 años. Fui el centro de atención de mi familia, primer hijo, nieto, sobrino; tuve todos los reflectores apuntando hacia mí. Eso me ayudó en unas cosas, no en todas. Solo en años recientes, y no me da temor confesarlo, me vine a enamorar de la palabra servir. Tú dirás que desde que tenía 20 años, momento en el que inicié como profesor, estoy sirviendo;

es cierto, pero no de la forma como lo hago hoy, teniendo incluso mucho por mejorar. Lo que siente un socio cuando visita mi oficina, se desahoga, e incluso llora, yo lo siento. Cuando percibo la alegría que brota de sus palabras y de su mirada al tener claro su propósito de vida, su para qué como suelo llamarlo, yo lo siento; cuando registro su progreso, su tenacidad, sus ganas por eclipsar un pasado difícil, de pobreza y exclusión, yo lo siento. SENTIR, resaltado, es una escala más de una verdadera vocación de servicio. Nada me llena de más alegría que el progreso de mis seguidores. Es el mío, lo siento como propio. Eso es ser feliz con lo que haces. Un verdadero SER humano debe vivir para los demás. Ya no es atesorar, no es acumular, es servir.

Como bien lo dijera Viktor Frankl en su libro *El hombre en busca de sentido*: "Ser hombre implica dirigirse hacia algo o alguien distinto de uno mismo, bien sea para realizar un valor, alcanzar un sentido o para encontrar a otro ser humano. Cuanto más se olvida uno de sí mismo, al entregarse a una causa o a la persona amada, más humano se vuelve y más perfecciona sus capacidades. Por el contrario, cuanto más se empeña el hombre en alcanzar la autorrealización, más se le escapa, pues la verdadera autorrealización es el efecto profundo del cumplimiento del sentido de la vida. En otras palabras, la autorrealización no se logra como un fin, sino que es el legítimo fruto de la trascendencia".

Una breve y bella historia, extraída también de otro fascinante libro, del maestro espiritual Rajinder Singh, allana el camino para el servicio y la generosidad. Dice así:

*Una persona acaudalada trabajaba con su abogado en la preparación de su testamento. El abogado estaba* impresionado, tanto con la cantidad de dinero que el hombre había acumulado, como con la cantidad de empleados que le servían en cada una de sus necesidades: conductores, jardineros, mayordomos y personas que limpiaban su casa. El hombre estaba orgulloso de todas las personas que había empleado como sus servidores y lo consideraba como una muestra del éxito que había tenido en su vida. Cuando el hombre murió, esperó su juicio. Sentía que recibiría un buen lugar en el cielo y que era merecedor de ello, dado el éxito que había tenido en vida. Cuando llegó su turno para ser juzgado, el ángel revisó sus registros y reflexionó sobre lo que había hecho en la tierra. Tras ello, declaró que no mecería estar en el cielo. "¿Qué quieres decir?", exclamó el hombre; "¿no viste lo exitoso que fui y cuántas personas me sirvieron?". El ángel contestó: "para entrar al cielo no miramos el registro de cuántas personas te sirvieron, sino a cuántas personas les serviste; lamentablemente, tu entrada ha sido negada porque en vida solo te serviste a ti mismo".

Algunas moralejas podrían desprenderse de esta historia, pero la que más me gusta es que a esta vida no vinimos a amasar fortunas ni a acumular propiedades. Vinimos a servir. Sirviendo a millones llegarán muchas cosas buenas por añadidura, entre ellas cosas materiales, por supuesto. Y una persona como yo no estaría en contra de ellas; y seguramente tú tampoco. No obstante, que sea la consecuencia lógica de servir con un propósito de vida claro, no el objetivo que nos mueve. Recuerda la frase: "impacta a millones, y te llenarás de millones"; pues bien, ¡me gusta! Felicidad en estado puro.

## El miedo a incomodarnos; la peligrosa zona de confort

"Quien alguna vez se quemó con leche, ve una vaca y llora". Eso no debería ser así. Escucho con frecuencia la misma frase: "en determinado momento de mi vida perdí dinero; y eso ha marcado mi destino; me volví una persona temerosa, cómoda, inclinada a no asumir riesgos; todo me da miedo". Si tú ya no eres esa persona que perdió dinero, porque ahora ya tienes más experiencia, no debes permitir que el pasado marque tu futuro.

En la práctica, sin embargo, lo que alguna vez nos causó estrés, pérdidas, miedo o dolor, probablemente nos provoque una respuesta de miedo en el futuro. ¿Te asustó algún disfraz el día de Halloween cuando eras un niño? ¿Te hirieron por error algún nervio de tu boca cuando visitaste al odontólogo? ¿Sentiste claustrofobia ante una multitud? ¿Te perdiste en un centro comercial? O como ya lo citábamos, ¿perdiste dinero en cierta clase de inversiones de manera que ya no soportas siquiera que te las mencionen?

**Pocas veces reflexionamos sobre el riesgo de no correr riesgos; y ese es el mayor riesgo de todos. Queremos rentabilidades altas, pero con riesgos bajos. Queremos el cielo, pero no nos queremos morir. Contradicciones de los seres humanos que se alimentan de experiencias pasadas.**

Es muy riesgoso sacrificar los mejores años de nuestra vida, los más productivos, haciendo cosas que no disfrutamos. Y la excusa perfecta de muchos es que si renuncian a la seguridad de un empleo o de una forma de invertir, ello no traería sino problemas, como la falta de recursos para pagar una hipoteca o el semestre universitario de un hijo. Eso es muy relativo. Para mí el mayor problema es no ser feliz a tiempo. Además, a la hora de la verdad todos tenemos problemas; lo importante es que ellos no se vean reflejados ni en tu actitud ni en la forma como te ven los demás, ya que, de hacerlo, no terminarías sino por agravarlos. Es la vieja historia: estás deprimido porque tienes problemas; ¿pero permaneciendo deprimido los resolverás?

Si tu vida se pone difícil, solo asegúrate de aguantar y aprender sobre lo que te está pasando. Recuerda siempre estas palabras. Es el típico relato del prisionero de guerra. Una de las características que debe tener un prisionero de guerra, para superar las brutales condiciones que se le imponen, es la de creer que algún día estará fuera de esa prisión, y que incluso, al mejor estilo de Viktor Frankl, prisionero de los nazis, se visualizará hablando de ellas y de cómo soportarlas. Tener la fe de que al final todo saldrá bien es una estrategia poderosa, tal y como lo había pensado en la historia del avión que describí al principio, el que se mecía y parecía estrellarse. Si salía bien, habría material para conferencias y libros; vaya tema. Si no, moriría, y el mundo continuaría.

No le temas entonces a los momentos difíciles; témele a la comodidad. La comodidad es un atentado contra el progreso. Yo quiero, y no tengo que tenerte al frente para decírtelo, que prendas el turbo que llevas dentro; yo quiero que te comas el mundo y que vayas por lo que te mereces; yo quiero que sientas fuego en tu interior, que te compares con los referentes en el tema de tu interés para progresar; y tú también lo quieres. No entiendo, a estas alturas de mi vida, cómo es posible que haya personas que ganan un salario mínimo, que tienen ingresos bajos, y que sin sonrojarse digan que tienen por afición dormir. ¿Dormir? Sí, dormir, y se les infla el pecho al decirlo mientras que no aparece atisbo de rubor alguno en sus mejillas. Respeto a los que piensan que lo mínimo que se debe dormir son ocho horas diarias; funciono a las mil maravillas con cinco o seis horas desde hace muchos años, haciendo deporte, meditando, alimentándome bien y teniendo grandes objetivos por cumplir. No quiero polemizar con un tema como el de las horas de sueño y sobre el que ya he hablado bastante en mi canal de YouTube. Solo quiero decir que si Dios quisiera que durmiéramos mucho, ya nos habría enviado la muerte, y que por cierto, es menester recordar que nadie cumple sus sueños durmiendo. Si mi pareja, esposo, esposa, llámala como quieras según sea tu caso, te llega a decir que su pasatiempo o afición es dormir, cuando al mismo tiempo aporta poco a las finanzas y progreso de la familia, solo procede: dile que cambie o que hasta aquí llegaste, o como ya lo dijera en Twitter, por cierto en uno de los más populares tuits: "si no me ayudas a volar, despeja la pista".

Las personas capaces de transformar un momento o realidad difícil en una experiencia grata y siempre edificante son las más fuertes y resistentes a los embates del destino. Esas personas son la minoría, por cierto. La razón para que sean tan pocas dentro de tantas es que suele gustarnos la comodidad; hacer pocos esfuerzos, y ello tiene su precio. Siempre he dicho que las autopistas rectas son las de mayor peligro, pues en ellas es donde más te duermes. La comodidad te priva de vivir situaciones nuevas y por lo tanto de crecer.

Un ejemplo típico para avalar lo anterior se da cuando asistes a un seminario. El primer día te sientas en el lugar que te plazca, si es que llegaste a tiempo; conoces un par de personas, que suelen ser tus vecinos de puesto y congenias con ellos. Al otro día vuelves, y qué haces: buscas tu zona de confort; el mismo puesto, o muy cercano, y los dos conocidos del día anterior. Mi invitación es otra para que estires tu personalidad: siéntate en otro lugar y conoce a nuevas personas. Más allá de que en ese segundo día tu ubicación o compañía pueda haber resultado menos agradable que el primer día, te estiraste; fuiste por lo nuevo, por lo desconocido; asumiste riesgos, pequeños, pero riesgos finalmente. Te entrenaste para incomodarte, y eso implica que vas acumulando méritos para ir más allá de las zonas de confort en las que se mueven las mayorías que menos ingresos ganan y a las que muchas cosas les dan miedo.

Cuando vas creciendo como persona necesitas incluso de la incomodidad, porque sabes que ella te permitirá seguir avanzando. Una anécdota personal te será de mucha utilidad. Hasta hace algún tiempo, no era partidario de tener mascotas en mi casa, como sí lo soy hoy. No me gustaban mucho los perros, por ejemplo, sin decir con ello que los odiara. En una de las primeras viviendas que habitamos luego de casarme con mi esposa, tuvimos a unos vecinos que, seguramente sin proponérselo, nos hicieron la vida imposible a nosotros y a otros cuantos. Tenían un perro gigante en su pequeño departamento, y solían dejar solo al animal todo el día. El perro ladraba sin cesar sin que sus amos se inmutaran o tomaran alguna medida. Cansados de lidiar con ese ambiente, le dije a mi esposa: "suficiente; hemos querido cambiar de lugar por largo tiempo, para irnos a una vivienda mejor y esta es la excusa perfecta para materializar dicho anhelo". Antes de hacer el cambio, visitamos 18 opciones con una experta en bienes raíces y negocios inmobiliarios. Entre muchas cosas, nos importaba un lugar tranquilo y en el que los vecinos más cercanos no tuvieran perros. El departamento que más nos gustó estaba ubicado en un apacible lugar y colindaba con un vivero. Concretamos el negocio y nos mudamos para estrenar nuestra vivienda. Sin que pasara siquiera un mes, vimos con sorpresa que el vivero había decidido cerrar sus puertas y mudarse a otro sitio. Total, habría un nuevo negocio allí. ¿Has oído mencionar la ley de Murphy? ¿Aquella que dice que si tu galleta con mermelada cae al piso, caerá precisamente por el lado en que pusiste la mermelada? Pues bien, Murphy y sus amigos se hicieron presentes. El local donde quedaba el vivero fue ocupado por una guardería de perros. Así como lo lees. Ya no era un perro el que ladraba; eran veinte, treinta y hasta cuarenta perros ladrando al mismo tiempo, en particular los fines de semana. No puede ser, decía; qué karma estaré pagando para que esto me pase. Infructuosamente, la administración del edificio en el que vivía demandó a la guardería de perros, pues no parecía correcto que en plena zona residencial pudiera estar un negocio así. Al cabo del tiempo, y para abreviar la historia, conocí la programación neurolingüística y, entre muchas cosas buenas que trajo, me ayudó a ser más tolerante y respetuoso de las diferencias, me permitió concentrarme realmente en lo prioritario, sin caer en tanto detalle insignificante que antes me perturbaba.

Pasó algo increíble: ya no sentía ladrar a los perros. No era porque no ladraran, sino porque no los sentía; mi personalidad había cambiado, había crecido y, al hacerlo, la dimensión de los que eran mis problemas había disminuido. Es más, un día ocurrió algo surrealista; necesitaba que los perros ladraran para poder practicar mi capacidad de autocontrol. Necesitaba de más incomodidad para seguir creciendo. Era algo increíble, pensaba en ese momento. Una incomodidad no solo desapareció al haber cambiado mi perspectiva, sino que ahora yo la necesitaba para poder crecer. ¡Guau!, me decía, esto sí que es extraño. Estoy disfrutando de la incomodidad. La vida nos envía maestros disfrazados para desarrollar ciertas habilidades o superar algunos defectos. Los perros en este caso eran mis maestros de paciencia, tolerancia, recursividad. Mientras identificas qué situaciones o personas son esos "maestros", seguramente la pasarás mal, hasta que encuentres la lección y el sentido que tenía haberlos tenido en tu vida. Si no hay dolor, no hay recompensa.

Ejemplos como estos nos deben traer enseñanzas adicionales: recomponer el contexto o transformar realidades hacen más livianas las incomodidades que solemos ver. Al hacerlo no solo volvemos grato o soportable como mínimo un momento tedioso, sino que al "estirarnos" desarrollamos el músculo que necesitamos para ser más felices. Mientras unos se quejan del clima cálido, otros le dan gracias al sol por llenarlos de energía. Así, no te sor-prendas si por superar las incomodidades te vuelves una persona alegre, positiva, creativa; una persona con la que la gente quiere estar. Mi ejemplo fue con los ruidos de los perros; el tuyo puede ser con el clima, tu jefe, el mal ambiente laboral, tu sobrepeso, las demoras en el tráfico, o qué sé yo, tantas cosas que nos incomodan. No obstante, la esencia sigue siendo la misma. ¿Qué te incomoda y qué estás aprendiendo de ello?

**Por más intolerante que seas ante la incomodidad, la verás diferente si ella te hace crecer y te conviertes en una persona más sabia y feliz.**

Así, la próxima vez que el tráfico lleve al límite tu pa-ciencia escoge entre dos opciones. En la primera, te quejas y dices: "no es posible que haya tantos carros y tan pocas vías; qué falta de planeación; esto es un desastre; me es-tán haciendo perder el tiempo", etcétera. O, decir: "¿Puedo cambiar esta congestión en este momento? No. Para qué me voy a dejar afectar entonces por cosas que no puedo controlar. Pondré mi música favorita, aprovecharé para hablar más con mis hijos (si van contigo) o simplemente haré de cuenta que estoy en una clase de paciencia y de cero lamentos en la que no podré sentir impaciencia ni podrá salir de mi boca queja alguna". Escoge. "Juan Diego, eso es muy fácil decirlo, pero hazlo". Sé que no se compara con estar en una playa inmensa, de arena blanca, con tu familia y una cerveza bien fría. Pero te pregunto: ¿en cuál experiencia avanzaste más? ¿En la del tráfico o en la de la playa con la cerveza fría? Ya sabes la respuesta. Crecer nos duele, ¿o ya olvidaste cuando te arrancabas los dientes o el acné llegaba a tu vida? Eso no se me olvida. Tuve acné por doquier en mi adolescencia; hoy miro hacia atrás y entiendo que estuvo ahí para darme un mayor carácter. De ninguna fiesta me privé por tener granos en mi cara. Es más, como los tenía, tuve que desarrollar más mi verbo, el don de la palabra, y así compensar una cosa con la otra cuando intentaba conquistar a las mujeres. Cuando algo te falta, te inventas otra cosa. ¿Has visto la habilidad que desarrollan con la mano izquierda muchas personas a las que les falta la mano derecha? ¿O la sorprendente audición que tienen muchos ciegos? Suficiente ilustración.

## Un ejercicio para superar la incomodidad

En cierta ocasión le dije a mi entrenador en el gimnasio: cámbiame este ejercicio de abdominales por otro diferente; la verdad es que me duele mucho mi abdomen. Él replicó: "qué bueno que me lo dijiste, de ahora en adelante te pondré a hacer aún más repeticiones de ese mismo ejercicio". Tenía razón; él me estaba incomodando, me estaba incrementando la exigencia, cero contemplación, para superarme y tener más fortaleza mental. Es muy fácil que yo te diga que abraces a tu mascota, si te gusta hacerlo; o que le des un beso a tu hijo o a tu novia. Claro; son tu mascota, tu hijo y tu novia. Cero esfuerzo por hacer algo tan placentero. ¿Pero cómo te va si te digo que abraces de corazón a 150 personas desconocidas y que te acompañan en un evento al que te invitaron? El solo anuncio de que lo debes hacer ya produce dentro de ti una sensación que se puede resumir así: ¿yo qué estoy haciendo aquí? Necesito a alguien que me saque de este lugar; o también, puedes pensar: "¿Qué? ¿Cómo voy a abrazar a personas que no conozco si yo soy muy tímido?". ¿Te suena? Esto último me pasó a mí. Solo elimina la palabra tímido.

Haz con frecuencia cosas que te incomoden. Si además de superar la incomodidad logras un mayor aprendizaje, como te suele pasar en un abrazo, tanto mejor. Abrazar te vuelve más humano; te recuerda que tú no eres más que la persona que abrazas; te permite entender que si la vida te puso a abrazar a alguien que no conoces, no es por el mero azar; que si estás ahí es porque debías conocer a ese alguien que te puede enseñar, aportar e inspirar. Y lo más importante: tras el abrazo, nunca verás igual a la persona que abrazaste. Ya forma parte de ti. Me resulta increíble estar escribiendo sobre esto. "Matilde" me acaba de llamar cursi; pero poco caso le hago y continúo. Yo era una persona que hasta hace algunos años hacía lo que fuera posible por no abrazar a alguien distinto a un familiar cercano. Hoy, cada vez que abrazo, y si es a un desconocido tanto mejor, me conecto con un ser superior. Tomo conciencia de que primero debo ser, para luego llegar a tener. Me siento mejor persona. Y no es cualquier abrazo. Es un abrazo de corazón, es decir; con fuerza y queriendo transmitir la mejor energía. Abrazar ya no resulta incómodo para mí. Fue una terapia que me envió la vida, inicialmente para incomodarme; hoy en día, para sentirme vivo y consciente de lo humano que debo ser.

## El miedo a ser diferentes

A la mayoría le da miedo ser diferente; finalmente es más cómodo fundirse con la masa para no ser criticado o pasar desapercibido, como lo dirían otros. Imagina el siguiente escenario: vives en un vecindario en el que todos son pobres; pero tienes mentalidad de rico, te vuelves rico y por ende distinto a los demás, materialmente hablando. Hay personas que le huyen a esa situación, por la simple razón, argumentan, de que se sentirían mal teniendo tantos lujos, como un auto costoso, cuando al mismo tiempo quienes los rodean apenas si sobreviven y se transportan por necesidad en transporte público. Tú no te deberías sentir mal. Por el contrario, si tienes una mentalidad púrpura, ganadora, entenderás que estás ahí para enviarle un mensaje de abundancia a tus vecinos: "si yo pude progresar, ¿qué esperan ustedes para hacerlo?".

Siéntete poderoso siendo diferente. Te insultan y devuelves el insulto; incluso con mayor volumen y con palabras que denotan tu ira. Eso lo hace cualquiera. Es lo habitual. ¿Pero qué pasa si a cambio de un insulto devuelves bondad, una palabra amable o una sonrisa? "¿Te volviste loco, Juan Diego? Cómo me pides que tras un insulto yo no reaccione o me quede callado". Cuidado: no te he pedido ni una cosa ni la otra. Ni silencio ni indiferencia. Te he pedido otra reacción; una más grande, púrpura, diferente, extraordinaria; una que subordine la ira y la cambie por grandeza; una que te brinde la satisfacción de dominar tu mal genio y primitivismo, los rasgos que todos solemos tener en determinadas circunstancias. Cuando te apartas del rebaño y reaccionas de manera inédita, lo mínimo que te dices a ti mismo es: "¡Guau!, pude controlarme". Una pequeña victoria que va esculpiendo a un ser especial.

Conocí el caso de una mujer que saludaba en la mañana a sus compañeros en voz alta una vez que se abrían las puertas del ascensor en el piso en el que trabajaba; no le respondían. Al otro día se repetía la historia: "buenos días para todos", decía. No obtenía respuesta; aparentemente, sus compañeros de trabajo estaban tan concentrados en su labor, o eran tan mal educados o sordos, cualquiera de las tres opciones es válida, que ella se quedaba literalmente con el saludo en la boca. Seguía sin haber respuesta. Alguien, intrigado al ver lo que ocurría, le preguntó en cierta ocasión: "¿No te das cuenta de que no te responden? ¿Para qué continúas saludando; no ves que así son ellos?". A lo que ella replicó: "claro que me doy cuenta de que no me responden; lo hago porque a mí sí me enseñaron a saludar; ¿no ves que así soy yo?".

**En un mundo como el de hoy, no hay mayor mérito que tener la valentía de ser tú mismo, con lo que ello implique.**

Un caso adicional invita a la grandeza para ser diferentes. En cierta ocasión iba por una de las vías más transitadas de la ciudad en la que vivo; el tráfico estaba particularmente pesado ese día y sin causa aparente. Pasaban los minutos y el avance era mínimo para llegar a mi destino. A la distancia, percibí un carro muy viejo y deteriorado que avanzaba despacio, como en cámara lenta, y que les impedía adelantarse a quienes iban detrás de él, pues se trataba de una vía de solo dos carriles, los que iban y los que venían. Seguro que esa es una de las razones del embotellamiento, pensé. Uno de los carros perjudicados era el mío; mi paciencia se agotaba y el tiempo corría; al acercarme, por fin vi que ese carro que parecía tener cien años lo conducía una persona de avanzada edad. Yo estaba molesto; mi acompañante, un maestro espiritual, me dijo: "bájame la ventana que les diré algo". "No lo haré; ¿no ves que se trata de un par de ancianos en un carro que apenas si avanza?". "Baja la ventana", insistió. Al bajarla, y para sorpresa mía, les gritó: "¡Gracias, que Dios los bendiga!". "¿Qué? No puede ser, cómo es posible que después de que nos hacen perder el tiempo les des las gracias", le dije; "una cosa es que seamos tolerantes y no les digas nada, ¿pero darles las gracias? ¿Te has vuelto loco? ¿Gracias de qué?".

Mi maestro me respondió algo que nunca olvidaría: "¿Para ti es importante la paciencia?". "Claro que lo es", le dije. A lo que replicó: "esa pareja de ancianos nos acaban de dar un curso para desarrollarla, y gratis; cómo no habría entonces de darles las gracias si solo son maestros que nos envió la vida para practicar y hacernos más grandes". Guardé silencio. ¡Guau!, dije para mis adentros. No lo había visto de esa forma. Ahora fui yo el que le dije gracias a mi maestro espiritual. Tu ser esencial es la mejor versión de ti mismo. Lo que te hace sentir feliz cuando lo haces. Cuando vivas una situación similar, y fuera de tu control, simplemente trata de sacar tu mejor versión, leyendo de una manera distinta lo que te pasa, y, al hacerlo, te vuelves un ser más grande.

No dejes de ser quien eres. Tu ser esencial clama por apartarse del que quiere la sociedad, o el que imponen las costumbres. Un ser más grande tiene menos miedos, y más riquezas; por ejemplo, la riqueza de ser dueño de lo que piensa y, en consecuencia, de lo que habla y hace.

Te invito desde ya a poner en práctica un hábito que vengo desarrollando de tiempo atrás. Lo podríamos titular como "la maestría del minuto a minuto". Que cada pensamiento que tengas lo evalúes y mejores; que a cada persona con la que hables la impactes y transformes; que no cedas a la tentación de juzgar a la gente, ni quejarte ni criticar; que tengas más control sobre tus reacciones; que cada actividad diaria, cualquiera que sea, la conviertas en una oportunidad para hacer las cosas de manera distinta y mejor.

**No hagas lo que todo el mundo hace. Cualquier mortal juzga, critica y se queja; no cualquiera comprende, alienta y acepta.**

La maestría del minuto a minuto es convertir cada día en un laboratorio para practicar y afinarte; así como el artista esculpe su obra, un maestro de grandeza esculpe la suya: transformar su ser. Al repetir esto a diario, lo inevitable pasará: llegarás a ser grande; el mismo en quien la palabra miedo no encuentra espacio. Que para la mayoría sea un día más; para ti, un escenario para transformarte y construir tu obra.

Sea que te sientas mal o no, puedes estar seguro de algo: siempre te rodearán personas resentidas, envidiosas, que disfrutan de las derrotas ajenas, solo porque carecen de victorias propias; gente que merced a ese resentimiento, no progresan, quizá porque el universo no se queda con nada finalmente, y a cada cual le da su merecido. También están los que disfrutan de los triunfos de los demás, como me ocurre a mí; del progreso, de sus avances; entienden que ver progresar a las otras personas tiene un doble beneficio: por un lado, seres humanos felices, desarrollando sus talentos, aprovechando las oportunidades; por otro, y para quienes somos muy competitivos, el progreso de nuestros semejantes es un combustible para seguir progresando, compararnos y no quedarnos atrás. ¿De qué te preocupas entonces si seres mezquinos, en vez de verte como un referente a emular, te ven como alguien para odiar? Tú no has hecho nada malo al volverte rico y ser distinto; son ellos, los que se cocinan en caldos de odio y atraso.

**No alardees de tus posesiones ni de tus logros; pero no los escondas. Ponerle velo a las cosas impide verlas como son, y quienes queremos seguir progresando necesitamos seguir viendo avances en más personas.**

Los pioneros, los que se atreven, los que imponen un estilo, siempre fueron juzgados y tildados de locos; evoco a Coco Chanel y su moda fascinante; viene a mi mente Hugh Hefner, con sus famosas conejitas de Playboy; pienso en Richard Branson y su irreverencia con Virgin; también en John Ilhan con sus teléfonos de bajo costo en Australia. Vituperados, mancillados, ¿pero por quiénes? Por las vacas blancas, por esos seres en cuya parcela mental no cabe un pensamiento nuevo ni una idea distinta que desafíe el *statu quo*. Aun así, los pioneros "siempre se quedaron con las mejores tierras". Es triste que muchos que deberían ser los encargados de inspirar, de educar, de ayudar a millones de personas que no tuvieron sus mismas oportunidades, sigan rindiéndole culto al bajo perfil, a no figurar, por miedo físico. Miedo a sobresalir, miedo a tener la atención encima; miedo a su seguridad, miedo a oír la voz de su ser esencial, que les dice: "ve, sal a la calle, muéstrate, que en la sombra no inspirarás a tantos". Ellos sabrán por cuáles de estas razones permanecen anónimos, pero sí viviríamos en un mundo muy distinto si en vez de pensar tanto en nosotros mismos, pensáramos más en ayudar a los demás. Al precio que haya que pagar. Vemos a muchos engordándose detrás de un escritorio; llenándose de dinero; acumulando. Grandes en ingresos, pero pequeños en impacto y trascendencia. Alguien que murió con cientos de millones de dólares, y que solo se dedicó a acumular dinero, poco tiene de púrpura. ¿A cuántos ayudó? ¿A cuántos les transformó la vida? ¿A muchos? ¿Cuántos lo acompañaron a su velorio? ¿Cuántos lloraron su muerte, gracias a que les cambió su existencia? ¿Montones? Perfecto, eso sí es púrpura, esa es la verdadera riqueza, no atesorar y morir como un auténtico NN o desconocido.

Pregúntate qué te hace único. ¿Qué sabes hacer mejor que los demás? Hay gente que me dice: "Juan Diego, es que yo soy muy honrado". ¿Sí? Señor, ¿sabes cuántos millones de honrados hay en el planeta Tierra? ¡Muchos, millones! "Juan Diego, es que yo soy muy madrugador".

Igual, hay demasiados madrugadores como para que esa sea una virtud que te diferencie y sostenga. Hay que ir más al fondo y encontrar la bendita razón, la púrpura razón, por la cual estás en este mundo y que, por cierto, muchas veces no la pueden ver los empleados, dado que no necesitan buscarla. A mí me tocó buscarla, y la encontré; la alimento a diario y me enamoré de ella. Es la principal razón para vivir. Una causa más grande que mi vida. No desfallezcas en la búsqueda de tu propósito de vida, tu para qué; tú solo acumula méritos, que el universo te derramará bendiciones. Tú haz la tarea y deja que el universo se encargue del cómo.

Yo soy una persona estudiosa, tozuda, determinada, perseverante y con el don de la palabra; si yo me apalanco con esas fortalezas, puedo encontrar no solo negocios exitosos en los que pueda desarrollarlas, sino también mi propósito de vida. ¿Y los defectos? Tengo muchos; pero ellos quedan eclipsados cuando persigues una motivación grande.

Desde muy pequeños nos dijeron que corrigiéramos nuestros defectos. Corregirlos es necesario, es vencerse a sí mismo, pero más importante que corregir los defectos es, todos los días, explotar lo que más sabemos hacer, y hacerlo mejor.

Todos los días tengo que hablar mejor; todos los días tengo que mandar un mensaje más claro, más contundente, más espiritual; todos los días tengo que practicar y moldearme, exigirme. Tú no te imaginas la satisfacción que me produce acostarme tarde y levantarme temprano; sin necesitarlo, sin tener que hacerlo; ahí, recorriendo la milla extra, es cuando marcas las diferencias y sacas ventaja psicológica. Esa misma ventaja que me produce placer, y que es determinante para lo que me ocurra. Como bien lo citara Viktor Frankl en su libro *El hombre en busca de sentido*: "El ser humano no es un objeto más entre otros. El ser humano es su propio determinante. Lo que alcance a ser tiene que construirlo él mismo. En los campos de concentración fuimos testigos de la actitud de nuestros compañeros: mientras unos se comportaron como cerdos, otros lo hicieron como santos. El ser humano goza de ambas potencialidades. De sus decisiones, y no tanto de las condiciones, depende cuál de las dos sale a la luz. El hombre es ese ser capaz de inventar las cámaras de gas de Auschwitz, pero también es el ser que ha entrado en esas mismas cámaras con la cabeza erguida y el *Padrenuestro* o el *Shemá Israel* en los labios".

Para terminar este punto de ser diferentes, digamos lo siguiente: si quienes te juzgan y critican por apartarte del inmenso rebaño de vacas blancas forman parte de tu misma familia, cerciórate de que sí tengan la autoridad moral como para escucharlos; que sean auténticos ejemplos ambulantes. Si no lo son, no tendrían por qué inspirarte credibilidad alguna; si lo son, aun así debe primar tu vida, tu estilo y tus sueños. Recuerda que a la tumba irás solo, sin nadie, y que la palabra que más seguirás pronunciando hasta que te mueres, será: YO. Tú eres primero. No es más.

## El miedo a no creer en nosotros mismos

Muchas personas están para vivir una vida extraordinaria; muy por encima de la que hoy viven, pero no se la creen. Personas que me dicen que se consideran normales, cuando no las veo así; las veo con un gen púrpura y para mucho más de lo que viven. Como coach tengo un reto: sacar lo mejor de cada ser, demostrarle que está para asumir mayores retos de los que hoy tiene y concienciarlo de que nunca ganará más dinero del que cree que merezca. Llenarlos, con argumentos, de mucha más confianza en sí mismos.

**Un ser púrpura saborea la aventura; se hace más grande con las adversidades y hasta las disfruta. Es capaz de extraer placer a lo que solo supone dolor, y sin perder de vista lo que busca, es consciente de que no existe un camino para la felicidad, pues la felicidad está en el camino.**

¿Qué tanta confianza tienes en ti? Ves a diario a personas confiadas, seguras de sí mismas, y dices: "Vaya, yo quiero ser así"; su lenguaje corporal, la fuerza y convicción de sus palabras; los logros que van acumulando; la ausencia de nervios e inseguridad. Pero cuidado, ves solo en su exterior la consecuencia lógica de lo que desarrollan en su interior: confianza. Y esa confianza es a la que renuncian muchas personas sin intentarla tener siquiera. Son los que dicen que en su familia todos fueron pobres; que nadie estudió en la universidad; que su hermana se quedó con toda la inteligencia de la familia; que la belleza la esquivó en esta vida; que su barrio es el más feo de la ciudad; que carece de la ropa adecuada o que todo el mundo está en su contra. Y muchas cosas más. Lo particular de esta historia es que quienes se quejan, por adolecer de lo previamente citado, ven a diario progresar a personas pobres, que no fueron a la universidad, sin belleza física evidente, provenientes de lugares marginados, sin recursos monetarios y con todo en su contra. Es decir, tienen frente a sus ojos lo que debería brindarles confianza. ¿Qué pasa entonces? Falta fe, una meta ambiciosa, determinación y aprovechar lo que tienen, en vez de flagelarse por lo que carecen.

A Wilma Rudolph se le dijo que por solo tener una pierna no podría correr y ganar; A Louisa May Alcott, la autora del libro *Mujercitas*, un editor le dijo que nunca escribiría algo que tuviera atractivo popular; a J. K. Rowling, la autora del famoso *Harry Potter*, también le dijeron algo similar: que con ese tipo de literatura nunca se impondría; al tenor Enrico Caruso su profesor de música le dijo que no tenía voz y que jamás tendría éxito; a Thomas Edison lo consideraban un estúpido en la escuela como para ser científico. Suficientes ejemplos. Ya sabes cada uno de los desenlaces. No creyeron en ellos; pero ellos creyeron en sí mismos. Se negaron a tener una autopercepción negativa, tema desarrollado con brillo por Norman Vincent Peale en su libro *El poder del pensamiento positivo*. Si Henry Ford se hubiera dejado amedrentar por las críticas que le hicieron a sus automóviles, a lo mejor aún andaríamos a caballo; o no podríamos volar si a los hermanos Wright los hubieran amilanado las críticas para realizar el primer vuelo con motor de la historia. Ese tipo de eventos nos deben inspirar; los debemos recordar siempre.

Continuemos con los rasgos de las personas que carecen de confianza, que finalmente es el miedo que queremos atacar para creer en nosotros mismos. Son personas que piensan mucho las cosas y suelen ser inseguras. Olvidan que cuando pasa tanto tiempo sin dar el primer paso, quizá no termine siendo el primero, sino el último. Quieren que todo esté perfecto, alineado, conocido por anticipado, firmado por un notario que les dé la tranquilidad de que algo va a funcionar, antes de empezar algo importante; requieren que Marte se encuentre alineado con Plutón y este con Mercurio, y una vez que todo eso pase, quizá, solo quizá, empiezan o se atreven.

Son ese tipo de personas a las que la vida les envía duras pruebas; como la súbita noticia de que tienen una enfermedad terminal y que sus días probablemente estén contados. Su manera de ver las cosas cambiará de raíz. No seguirán rindiéndole culto al progreso paso a paso ni a la duda ni al qué dirán; se preocuparán por disfrutar la vida, no pensar tanto, sentir más, vivir cada minuto. Pregunto con respeto: ¿por qué esperar una noticia como esa para cambiar, atreverse y ser feliz?

El génesis de no creer en nosotros mismos puede tener muchas causas; desde las que tienen que ver con una mala educación, con falta de motivación y amor; con *bullying* o acoso, hasta las que gravitan alrededor de un emprendimiento que no funcionó o una relación que se acabó y marcó tu vida. Sea cual fuere la razón, mi invitación pasa por pensar en que es mejor apalancarte con tu pasado que flagelarte con él; que es mejor leer de una manera distinta lo que te ocurrió, por difícil que haya sido, a seguir viendo eso que te pasó como la causa que explica lo que hoy eres; es mejor tener presente que si introduces nuevos insumos a tu cerebro, como información útil, o a tu corazón mayor espiritualidad, los resultados futuros deben cam-

biar. Y lo deben hacer por una razón simple y que ha funcionado con muchos de mis socios o clientes.

**Cuando te divorcias de la historia que crees que ha marcado tu presente, construyendo una nueva historia, será esta última la que determine tu futuro.**

Ten presente esto: lo que acabo de escribir no solo funciona para quienes creen haber hecho poco debido a no
creer en sí mismos; funciona también para nosotros, los
que estamos llenos de confianza y creemos haber hecho
cosas importantes. Por más logros que vayas obteniendo,
por más cosas que vayas haciendo, llegará un momento
de tu vida en el que mires hacia atrás, y digas: "¡Me faltó!". Nada más tóxico en la vida que una acumulación de
"¿Y si lo hubiera hecho?". Ve siempre a fondo; nunca pienses que hiciste demasiado y ten en cuenta que, primero,
las otras personas, tus competidores, vecinos o compañeros de clase, no están quedándose quietos, y segundo,
¿qué es demasiado? ¿Puedes definir esa palabra? Posiblemente no. ¿Qué fue demasiado para Pelé en los mundiales
de futbol o para Michael Phelps en unos Juegos Olímpicos? Nada; siempre pensaron que podían ir por más, y al
hacerlo, lograron lo que para muchos es demasiado.

A Fidel Castro le flaqueaban las rodillas cuando empezó a dirigirse al público en sus comienzos; cuando Michael
Jordan estaba en el colegio nadie apostaba por su futuro
como basquetbolista; una madre drogadicta y un papá
que lo abandonó hicieron mella en la confianza del rape-
ro Eminem, entre muchos casos. ¿Y qué pasó luego? La

historia cambió, se convirtieron; se dieron cuenta de que por más difíciles que fueran las condiciones, que por más en contra que estén las probabilidades, el destino será lo que tú construyas en tu día a día.

Solo te limita el límite que tú creas; y déjame decirte algo, como bien lo citara Robin Sharma: *Mientras más vayas al extremo de esos límites, más se expandirán.*

Viste que era posible ir a la Luna cuando alguien fue; hablar por teléfono sin tener un cable pegado a la pared cuando conseguiste tu móvil o celular; comprobaste que era posible recorrer una milla en menos de cuatro minutos cuando viste que la corrieron; volar de un país a otro sin que por la gravedad te cayeras al mar. Total, ya sabes que se puede hacer porque alguien lo hizo. No obstante, si seguimos en esa línea, algo sería imposible de hacer o vivir si no vemos que lo hacen o lo viven. El problema es que eso ya será ridículo, pues vemos, oímos, saboreamos, tocamos, miles de cosas al día que no hemos visto que las hagan, pero ahí están, ya las hicieron. ¿Sabes cuál es el problema?, que hemos sido educados bajo la cultura de que hay que ver para creer, y por experiencia te digo que no hay nada que funcione mejor en la vida, ni que te permita dar saltos cuánticos, abruptos, grandes, que recomponer esa frase y decir: hay que creer para ver. ¿Lo sigues dudando? Si tu respuesta es afirmativa déjame suponer que tienes un hemisferio izquierdo predominante y que quizás olvides que el amor no se ve, pero existe; y que el perdón, y muchas otras cosas más, tampoco se ven, y existen. "¿Adónde quieres llegar con esto, Juan Diego?".

Quiero decirte que tú eres capaz de hacer cosas inimaginables, que muchos calificarían como imposibles, si solo piensas que se pueden hacer y sin tener que haberlas visto hechas primero por otras personas. A nadie he visto recordar el nombre de doscientas personas, luego de que se presenten en un seminario, cuando lo normal es que cuando te presentan a alguien digas al poco tiempo: "¿Y cómo es que te llamas?". Yo no lo vi hacer, solo pensé que era posible, y lo hice. Y aclaro: estoy seguro de que hay miles de personas en el mundo que recordarán el nombre no de cientos, sino de miles de personas de manera inmediata.

Segundo ejemplo: ¿Tú crees que es posible vender un libro de 20 dólares en 15 000 dólares, advirtiendo incluso que en la tienda de la esquina lo podrán comprar por 20 dólares? Y lo hice en mi evento de programación neurolingüística aplicada llamado Cero Imposibles. Y tengo testigos. Más allá de que lo creas o no posible, lo importante es esto: no tuve que verlo hacer antes para poder hacerlo. Simplemente dije, ¿quién dijo que esto no se podía hacer? Adelante, sin miedo, hagámoslo. ¿Por qué tratas de convencerte de tu incapacidad para hacer ciertas cosas en la vida? ¿Qué es lo que tienes en cuenta respecto a lo que no puedes ser, hacer o tener? Tu realidad interna crea tu realidad externa; las palabras que te envías a ti mismo, lo que te dices todo el día, define tu realidad.

Si piensas y dices que algo no te sucederá, ese pensamiento y lenguaje de imposibilidad se convierten en una profecía autorrealizada, o que se cumple a sí misma. No habrá forma de hacer algo para volver realidad tu objetivo. Mejor, y al estilo Richard Branson, fundador de Virgin, cambia la expresión "presumiblemente imposible" por "algo que será muy divertido desmentir".

Mira esta corta historia. Estaba en un gimnasio hasta hace poco tiempo, realizando ejercicios en la elíptica para mejorar el funcionamiento cardiovascular, y me decía a mí mismo que con 15 minutos estaría bien. No me preguntes de dónde salió el número 15. ¿Sabes qué pasaba? que cuando me acercaba a los 15 minutos mi mente me decía que ya estaba cansado, no mis músculos, mi mente, con lo que el cansancio llegaba. Después de recomponer mi dieta, mi mente y de estar oyendo en el gimnasio la música que más energía me brinda, multipliqué por más de 3 veces mi rendimiento, y en ocasiones, puedo estar haciendo ese mismo ejercicio por más de 50 minutos. Bastó que reprogramara mi estado mental, algo que aprendí con Anthony Robbins en Estados Unidos, para obtener otros resultados. Si hoy me dices que no se puede volar por sí mismo, pondré tu frase en duda y te diré: ya veremos, quizá sea cuestión de tiempo.

Te podría poner muchos más ejemplos, pero aspiro a que el mensaje vaya quedando claro. Tú serás la persona en la que te quieras convertir; y me podrás decir que eres tímido, que no te la crees, que te falta esto y careces de lo otro, y yo solo te diré que ello no es determinante.

**A ti te salvará una fuerza inexplicable, que se apodera de cada ser púrpura de este planeta: un propósito de vida más grande que tú mismo. Hállalo; enamórate de él, y al hacerlo, tus miedos y defectos serán eclipsados por su cumplimiento.**

Un referente de la psicología norteamericana, William James, decía que la autoestima es igual a la relación que hay entre éxito y aspiraciones; es decir, Autoestima = Éxito ÷ Aspiraciones. Según la fórmula, reduciendo nuestras aspiraciones y subiendo nuestro éxito, aumentará la autoestima.

Mi nivel de irreverencia es alto, pero no tanto como para acabar con esta forma de medir la autoestima de un solo plumazo. No obstante, sí escribiré sobre lo que pienso de ella porque encaja perfectamente con el tema que nos ocupa. Primero, lo bueno: en Cero Imposibles demuestro cómo hacer posibles cosas declaradas como imposibles. Es un éxito absoluto y en el evento resumo lo que me permitió darle un viraje de 180 grados a mi vida. Aun así, no encuentro todavía la receta para no dormir, no ir al baño, no tener que tomar agua, ni hacer que el día tenga más de 24 horas. ¿Qué quiero decir? Que por más ingenioso, inteligente o Superman que tú seas, algunas cosas no las vas a hacer ni las vas a cambiar. Es como decir que en una semana seré el hombre más rico del mundo, cuando apenas sobrevivo; no es un objetivo razonable, si se me admite el término. Con esa realidad a cuestas, poner aspiraciones irreales en la mesa, cosa que hacen los perfeccionistas en muchas ocasiones, no desembocan sino en frustración, enfermedades y suicidios. Así, tener expectativas ambiciosas pero realistas no solo es inteligente, sino necesario, si quieres seguir viviendo unos años más. Hasta ahí estoy de acuerdo. También lo estoy, con el hecho de que si aumenta el éxito, sea lo que signifique para ti, también lo hará nuestra autoestima. Aprobar un examen, superar una prueba, conseguir más dinero, encontrar la pareja de tus sueños, todos estos ejemplos de éxito, te pueden brindar confianza y seguridad, sinónimos de autoestima.

Mi espíritu irreverente surge, ante la famosa fórmula del doctor James, cuando pienso que reduciendo mis aspiraciones a un nivel muy bajo, a la ley del menor esfuerzo, con lo que matemáticamente sube la autoestima, no me sentiré mejor, sino peor. Las bajas aspiraciones, y lo compruebo a diario hablando con personas de a pie, de carne y hueso, son en muchas ocasiones el resultado de una pobre mentalidad y actitud, heredada de la familia, de los escasos avances profesionales y afectivos que desarrollaron y de los temores que el progreso les producía. No considero entonces que reducir aspiraciones me permita ser más feliz. De hecho, la teoría invita a pensar en no mejorar, al menos parcialmente, para sentirnos mejor. Eso no me suena en absoluto. Es como decir, si se me admite la comparación, que no quiero mayores riquezas porque eso me traería problemas. Como ya lo dijeran Edwin Locke y Gary Latham, dos de los más importantes investigadores en el tema de definición de objetivos: "los objetivos más ambiciosos o más difíciles de alcanzar producían los niveles de esfuerzo y rendimiento más altos; este último se estabilizaba o disminuía cuando se alcanzaban los límites de la habilidad o cuando se rompía el compromiso con un objetivo muy ambicioso". En mi país se afirma que "el que no aspira a presidente, no llega a ser ministro". De manera coloquial, eso resumiría los resultados de las investigaciones de los citados científicos. Perfecciona a diario tu habilidad, haz más fuertes tus fortalezas; riégalas como plantas que deben crecer, y siempre mantén el listón elevado para que los rendimientos sean aún mayores. Eso te llenará de la confianza suficiente para creer que puedes.

## Más ideas para tener confianza

### Siempre visualízate exitoso

Eres lo que crees que serás, o puedes si crees que puedes. Anticipa el éxito; si la duda se atraviesa por tu mente, disípala con más trabajo, fe y con un pensamiento nuevo.

### Sé tú mismo

Eres único; una cosa es que modeles a los mejores en tu profesión; que seas ecléctico y tomes algunas cosas de aquí y otras de allá; pero conserva tu estilo; impón tu sello. Conviértete en una marca.

### Aprende todo lo más que puedas sobre ti mismo

Si alguna vez te dijeron que no podías hacer algo, solo recuerda los ejemplos de personas en las que no creyeron y lo lograron. Olvida lo que te dijeron. ¿Quién te puede decir que no lo lograrás cuando tú eres quien construye tu propia historia? Mientras más conozcas las raíces de tus miedos, más podrás cambiarlas.

### Elimina la palabra NO de la expresión "no puedo"

Mientras dices que no se puede, alguien que no te escuchó está diciendo lo contrario. Decían que no se podía volar, ni ir a la Luna, ni levitar. Ya sabemos que sí se puede. Solo sigue adelante, haz lo que tengas que hacer y ve contra las probabilidades.

# 4

# EL MIEDO A VIVIR UNA VIDA EXTRAORDINARIA

——

¿Miedo a vivir una vida extraordinaria? ¿Acaso ese miedo existe? Sí, y tú lo tienes. "¿Cómo?", te preguntarás. Si no lo tuvieras, serías más feliz, aunque lo seas; si no lo tuvieras, cometerías más errores, aunque ya los cometas; si no lo tuvieras, tus riquezas serían mayores, aunque las tengas. Nos falta, incluyéndome, soltarnos; vivir mejor; más sabiamente; creemos vivir muy bien, pero de nuevo, y ya intuyes mi pregunta, ¿qué es vivir bien?

Dando el respectivo crédito, como debe ser, transcribo un fascinante texto de la poetisa estadounidense Nadine Stair, llamado "Instantes", que muchos lo atribuyen erróneamente a Jorge Luis Borges, y que bien resume lo que pienso y siento sobre vivir la vida:

Si pudiera vivir nuevamente mi vida,
en la próxima trataría de cometer más errores.
No intentaría ser tan perfecto, me relajaría más.
Sería más tonto de lo que he sido,
de hecho tomaría muy pocas cosas con seriedad.
Sería menos higiénico.
Correría más riesgos,
haría más viajes,
contemplaría más atardeceres,

subiría más montañas, nadaría más ríos.
Iría a más lugares adonde nunca he ido,
comería más helados y menos habas,
tendría más problemas reales y menos imaginarios.

Yo fui una de esas personas que vivió sensata
y prolíficamente cada minuto de su vida;
claro que tuve momentos de alegría.
Pero si pudiera volver atrás trataría
de tener solamente buenos momentos.

Por si no lo saben, de eso está hecha la vida,
solo de momentos; no te pierdas el ahora.

Yo era uno de esos que nunca
iban a ninguna parte sin un termómetro,
una bolsa de agua caliente,
un paraguas y un paracaídas;
si pudiera volver a vivir, viajaría más liviano.

Si pudiera volver a vivir
comenzaría a andar descalzo a principios
de la primavera
y seguiría descalzo hasta concluir el otoño.
Daría más vueltas en carrusel,
contemplaría más amaneceres,
y jugaría con más niños,
si tuviera otra vez vida por delante.

Pero ya ven, tengo 85 años...
y sé que me estoy muriendo.

Es poco lo que pueda añadir con semejante elocuencia y magia; quizá, y por atrevido que soy, solo lo haría para decir esto: no tengo 85 años, no obstante, y si a algo le tengo temor en la vida sería a no vivir como pude haberlo hecho. Recorriendo el poema vemos cuánto nos falta; superando cada renglón descubrimos cuán costosos son los afanes del día a día; esos mismos que no dejan atisbo de serenidad alguno para contemplar un atardecer, o para ver con minuciosidad la respiración de nuestros hijos cuando duermen. La primera vez que leí este poema sentí algo muy especial; sentí que la vida se me iba; sentí que la vivía muy rápido, y que al hacerlo estaba dejando de vivir. Sentí que la meditación es una práctica que todo ser humano debe llevar a cabo para encontrar la calma, para aquietar el espíritu; para predisponerse a sentir lo que se duda que se siente; para oír lo que no suena; para escuchar el silencio; para ver lo que no se ve. Es posible que como yo, sientas ya que no vives tan bien como creías; y que siempre habrá espacio para dejarnos sorprender, y por ende mejorar.

La mayoría se dedica a sobrevivir; no a vivir. La mejor inversión que puedes hacer es dedicarte a ser feliz, y a vivir la vida. A pesar de ello, esa mayoría vive como si se les hubiese prometido una reencarnación. Quieren hacer una cosa, y la otra; pero siempre encuentran la excusa perfecta para postergarla. Nadie te ha prometido el día de mañana; vive el día de hoy como si fuera el último de tus días. ¿Has pensado que la enfermedad terminal de la que te podrían hablar dentro de unos años ya la estás incubando? Muy cruda la pregunta, ¿cierto? ¡Qué bueno que así te parezca! Mi propósito en este punto es que tomes conciencia de que no vas a vivir quinientos años; que tu tiempo es limitado y que debes actuar ya.

Y no pienses en el qué dirán. Haz lo que tengas que hacer, sin importar que a todo el mundo le guste. Voltea hacia arriba el cuello de tu camisa; usa gafas oscuras en la noche, cuando ya no haya sol. Me podrás ver así en muchas fotos de las redes sociales. "¿Y para qué voy a hacer eso, Juan Diego?". Para que empieces a practicar. Sueñas con reír más, con que nada te importe; pero te cohíbes y te abstienes. Por el qué dirán. Si no practicas, serás una presa más del sistema. Tú no eres un bluyín (así se escribe) para tenerte que acomodar a todo; para rimar con todo; para contemporizar con todo. ¡Basta! Sería como caerle bien a todo el mundo. Cuando ves a alguien así, ten por seguro que es una persona que carece de criterio y tiene una tibia personalidad. Una auténtica veleta, que va para donde la lleve el viento. Cuando estamos pensando siempre en agradar a los demás, en darle gusto a los demás, en ese qué dirán, nos damos cuenta de que terminamos viviendo la vida que otros quieren que vivamos, no la vida que querías vivir. Con todo lo que ello implica para ti.

Ya he dicho que el dinero no es lo más importante, pero afecta todo aquello que sí lo es. El dinero sí da felicidad, y si me permites explicártelo, yendo aún más lejos, el dinero sí compra felicidad. Compra la casa de tus sueños, a ver si te pones muy triste; sé juicioso y trabajador para que consigas los recursos con los que tus hijos podrán ir a los mejores colegios, a ver si te pones muy triste; viaja por el mundo, con tu familia, y en clase ejecutiva, a ver si brotan lágrimas de tristeza. No seamos hipócritas, por favor. El dinero sí compra felicidad; no la felicidad. He ahí la diferencia y la vuelvo a escribir: el dinero SÍ compra felicidad; NO la felicidad.

## "Juan Diego, pero hay muchos ricos que no son felices". Claro, ¡y muchos más pobres que tampoco lo son!

Está bien; quiero una mejor vida, pero ¿cómo la voy a tener si no cuento con el dinero suficiente para vivirla o las deudas me tienen asfixiado? Tatúate esta frase, de mi cosecha, que me ha sido de gran utilidad práctica: "si el quiero es fuerte, el puedo es real". ¿No pudiste? ¡No quisiste! Si quieres, pero no puedes, a ese quiero le falta fuerza.

"Matilde" te habla en este momento. "¿Cómo te atreves a decir eso, Juan Diego, si yo sí quería?". Claro que lo querías, pero no lo suficiente. Así de simple. He conocido a personas que conducen su automóvil durante cuatro horas, con una sola mano, para asistir a una conferencia mía porque la otra mano la tenían enyesada. Su acompañante, y ya te lo habrás preguntado, le ayudaba a cambiar las velocidades del vehículo. He visto a mujeres que vienen en autobús a mi seminario, tras veinticuatro horas de viaje. He compartido sesiones con socios VIP que atravesaron el Atlántico en avión, para una cita de dos horas y cambiar su vida. He dictado conferencias en México y Bolivia, con participantes que vienen de España, algunos de los cuales vendieron bienes suyos para poder estar ahí. Eso sí es querer; por ende, eso sí es poder. ¿Ya ves de lo que hablo? Ese tipo de personas, púrpuras como las que más, sí que se merecen todo; y cuidado: el universo está tomando nota de lo que hacen, para derramarles bendiciones. Creemos querer mucho las cosas, pero ¿qué tan fuerte es ese *quiero* realmente?

En la otra orilla están los que siempre preguntan: "Juan Diego, ¿cuándo vienes a mi ciudad; solo así puedo ir a tu conferencia?", a lo que replico: "ve tú adónde voy yo y muéstrame de qué estás hecho". Si me apuras, te diría que la comodidad y la autocomplacencia de algunos es tan grande, que no es de extrañarse que en el futuro me digan: "necesito tu conferencia en la esquina de mi casa, para poder ir". Graves consecuencias tiene esa comodidad; la misma, es la que explica que no te importe incomodarte haciendo las filas para viajar en clase económica, en la fila 32 del avión, cerca del baño. Estar ahí quizá no tenga mucho mérito; es la misma comodidad que hace que te conformes con un apartamento de 50 metros cuadrados, porque "no necesitas más"; es esa misma comodidad la que hace que no cambies de destino en tus vacaciones, porque el que sueles visitar te hace feliz. Suficiente. Tú no necesitas lo que no conoces. Cambia de silla en el avión, de vivienda y de destino, a ver si te gustaban o no. Nada más costoso que la autocomplacencia; nada más doloroso que vivir una vida que esté muy por debajo de tus posibilidades.

"Lo merezco, pero me da temor pedirlo". Fueron las palabras que me dijo un Socio Élite que se declaraba conformista. Cuando analizaba con él la raíz de su mal encontramos lo siguiente: siendo un niño, pedía lo que cualquier niño pide en la antesala de su cumpleaños; un juguete, una bicicleta, un balón, un aparato tecnológico. Su padre le negaba una y otra vez lo que pedía; le decía que no lo necesitaba y que él no tenía dinero para comprárselo; que de hecho el dinero era escaso y que no brotaba de la tierra ni se alcanzaba en las ramas de los árboles. "Me cansé de pedir y que no me dieran; a tal punto que me hicieron entender que no debía pedir más de lo que necesitaba; con eso en mi mente, crecí y me volví conformista. ¿Cómo cambio esa situación?", me preguntaba el socio. Primero le pregunté: ¿qué opinas tú de lo que te hacía tu padre al negarte lo que pedías?

A mi pregunta, contestó que "en muchas ocasiones él tenía el dinero para comprar lo que como niño le pedía, que no era mucho; yo se lo habría dado a mi hijo". ¿Y por qué crees que lo hacía?, seguí preguntando. "Mi padre sufrió mucho en su niñez; fue muy pobre y siempre temía volver a vivir lo que antes vivió: épocas de escasez y dificultades". Con esa información, le dije: si crees que tu padre no obró bien, sin llegar a juzgarlo, lo primero que debes hacer es divorciarte de la historia que viviste, ya que de no hacerlo, la seguirás repitiendo, incluso con tus hijos en un futuro. Tú no tienes por qué repetir una historia con la que no comulgues, pues ello equivaldría a decir que quien tuvo un padre alcohólico se debe inclinar por la bebida. Nada que ver. Por el contrario, tú puedes seguir pidiéndole a la vida no solo porque te lo mereces, sino también porque lo quieres y lo necesitas. Es más, míralo como una forma de compensar lo que antes no te dio la vida y que ahora reclamas. Yo lo viví; no me faltó amor ni nada de lo esencial cuando era un niño, lo cual no significa que todo lo que pedía me lo otorgaran; aquello que no me dieron, y que merecía, o creía merecer, hoy lo compro con más gusto que nunca y se lo doy a mis hijos.

Es un error, desde mi punto de vista, no pedirle más a la vida porque en el pasado, cuando lo pedía, no me era otorgado. Pídelo ahora; pídelo a manera de desquite; pídelo para que al hacerlo le demuestres a los que te rodean que no te conformas con lo que te toca; que vas por lo que te mereces. Y recuerda algo: ¡te lo mereces!

Muchas personas le tienen miedo a lo mejor, a lo extraordinario. Dicen que no lo merecen. Así como lo lees. Consideran que lo mejor es para otros. Que ellos no merecen tanto, ni lo necesitan. Conformismo a la vista, engendrado en el pasado, no cuestionado en el presente y endosado al futuro; a los hijos, que adoptarán tus mismas posturas de no merecer si no corriges las tuyas ahora mismo.

Para terminar este punto del miedo a vivir la vida, quiero dejar claro algo: vivir la vida no es comprarse solo lo mejor, ni lo más caro. Es tener la actitud, la predisposición para disfrutar una buena copa de champaña en el crucero de tus sueños por las islas griegas, así como un buen trago de ron en la tienda de la esquina y sentados en el piso. ¿Con cuáles puedes ser feliz? Con las dos. Y en las dos no eres ni más ni menos persona; pero que puedas escoger, no que debas vivir solo una de ellas, porque así te tocó.

En cierta ocasión publiqué un tuit que generó mucha polémica. En él decía que siempre había desconfiado de los profesores de finanzas que por necesidad llegaban en autobús a mi universidad, con la tarea de enseñarme a invertir y, por qué no, a ser rico. Y era obvio desconfiar. Pensaba si esa persona, que llegaba en autobús por NECESIDAD, y destaco la palabra a propósito, podía en realidad enseñar con el ejemplo cuando a lo mejor ni había emprendido en su vida ni mucho menos pisado una bolsa de valores. Debí aclarar, para los que malinterpretaron el tuit, que no criticaba el hecho de tomar un autobús; solo eso faltaba; lo hice por años, incluso tras egresar de la universidad, y eso no me hace ni más ni menos humano que cualquier otro ser. Deploraba no el medio de transporte que se usara, sino la obligatoriedad de su uso en virtud de la escasez de dinero de quien pretendía enseñarme. No nos engañemos; quizá cerrarías este libro si al hablar de riqueza y transformación, yo te dijera que vivo debajo de un puente. El ejemplo lo es todo.

## El miedo a asumir retos. ¿Sí seré capaz?

A manera de ejercicio suelo preguntarle a muchas personas: ¿te daría miedo dejar un trabajo de 1000 dólares de salario?

Sí, responden unos; no, responden otros. Seguro supondrás que en el primer caso la persona tiene una baja escolaridad, escasa educación financiera, habilidades mínimas para asumir retos o pobres expectativas sobre su futuro. Alguien que se aferra a un ingreso y lo defiende a capa y espada. En el segundo caso, por el contrario, piensas que la persona siente que necesita más, que se merece más, que quizás ha ganado más dinero en el pasado y que espera mucho del futuro. Pero ¿por qué supones todo eso si no te he dicho nada sobre cada persona? "Solo lo supongo, Juan Diego; podríamos decir que los actos nos revelan tal y como una mirada nos delata". Déjame decirte que la realidad no es tan obvia como parece.

Conozco a muchas personas con una muy aceptable escolaridad, que incluye estudios de pregrado y posgrado, pero con bajas expectativas sobre su futuro; personas con grandes habilidades técnicas, pero a su vez con grandes miedos e inseguridades; personas con una vasta cultura, pero aferradas a un pasado de escasez y pobreza. Son las personas que valoran los 1000 dólares; y quizás ahí te equivocaste al suponer que renunciarían a ellos con facilidad. Quienes están dispuestos a dejar la seguridad de los 1000 dólares, contrario a lo que supondríamos, son muchas veces aquellos que no tienen tantos conocimientos, ni educación, ni títulos; pero a los que les sobra arrojo, ambición y confianza en que un mejor futuro les espera. Coincidirás conmigo en que no resulta útil generalizar y que también hay muchos seres humanos que, en virtud de lo que saben, no se conformarían con 1000 dólares y estarían dispuestos a renunciar a ellos e ir por más. Claro que sí. Lo que me propongo destacar es que el miedo no se gradúa en muchas personas. Y ni los títulos, ni las habilidades, ni los conocimientos por sí mismos hacen que se evapore. Que se requiere de competidores para ese miedo; de un propósito de vida más grande que nuestra vida misma y de tener la capacidad de reinventarnos para vencerlos y sacarles provecho.

"La misma agua que endurece un huevo, ablanda una papa; no son las circunstancias las que importan, se trata de lo que estás hecho", afirmé en las redes sociales. ¿Qué tipo de actitud tienes al asumir retos? La actitud ayuda a conseguir lo que te propones; no solo tus objetivos materiales, sino también espirituales. En ese vínculo actitud-riqueza, morir pobres, hoy en día, es un acto de irresponsabilidad, teniéndolo todo a tu alcance, como para morir ricos o sin dificultades económicas como mínimo. ¿Qué te apasiona en la vida, por ejemplo, para mejorar tu actitud y asumir retos que no te dé miedo llevar a cabo? Cuando algo no te pone en "modo hervir", como lo he llamado, sino que es rutinario y aburrido, es normal que termines desistiendo o haciendo el trabajo a medias. Cuando por el contrario algo te apasiona, las horas se te van volando, y ni sientes la necesidad de descansar. Una historia fascinante, de uno de mis referentes en los temas de la pasión por lo que se hace, del tesón, la dedicación y la mística para asumir retos, Thomas Edison, es quizá la que mejor lo resume: Edison usualmente trabajaba en su laboratorio por largas horas; su esposa se preocupaba por el duro trabajo que hacía, sin tener vacaciones. En cierta ocasión, y luego de regresar a casa de su trabajo, le sugirió una pausa: "me preocupa tu salud; has hecho esto por mucho tiempo sin descanso alguno; debes irte de vacaciones". Edison le preguntó: "¿a qué lugar del mundo me sugieres que vaya?". Su esposa le dijo: "decide el lugar de este planeta al que desees ir más que a cualquiera otro". Edison lo pensó por un momento, y dijo: "está bien, me iré mañana". Al día siguiente, su esposa lo vio empacar su maleta de viaje; cuando llegaron a recogerlo, ella, intrigada y sin poder dar crédito a lo que veía, se acercó al coche y oyó a su esposo decirle al conductor: "llévame al lugar de la tierra en el que deseo pasar mis vacaciones". "¿Cuál es ese lugar, señor?", preguntó el chofer. "¡A mi laboratorio!", respondió Edison. Es posible que veas este caso como un ejemplo extremo; yo de hecho lo veo así. Trabajo duro, más de lo normal seguramente, pero no me faltan mis vacaciones (con celular a bordo, por supuesto). Pero al margen de cualquier consideración sobre el caso Edison hay algo claro: se necesita una pasión y dedicación extrema por lo que se hace, si quieres llegar a donde pocos llegan. No es fortuito entonces, y tras superar cientos de intentos, que Thomas Edison haya descubierto finalmente la bombilla eléctrica.

Hace mucho tiempo que tengo claro que la historia solo recuerda a los intensos, a los obsesivos, a los apasionados. Los demás son demasiados como para ser recordados. Cambiemos de terreno. Analiza a los medallistas olímpicos. No solo se concentran en su objetivo; también están impregnados de una pasión extrema y de una férrea actitud por alcanzarlo. A ninguno lo caracteriza el desgano o la apatía. Trabajan con entusiasmo y determinación. Cuando los vemos en el podio, recibiendo su medalla de oro y superando incluso un récord mundial, estamos asistiendo solo a la consecuencia lógica de lo que hace mucho tiempo se empezó a tejer. Nada es fortuito. Igual con la mayoría de las fortunas. El azar dura poco. El trabajo con pasión, por el contrario, tiene un alcance de largo aliento.

¿Qué tanto tiempo le dedicas a perfeccionar tus destrezas para llenarte de confianza y que no te dé temor asumir retos? ¿Te conformas con lo que haces en tu jornada laboral? La mayoría de las personas se dedican a hacer algo que no aman: ¿o vas más allá y en tu tiempo libre, allí donde se marcan las diferencias en la vida, vives con pasión aquello por lo que viniste al mundo? Los ganadores, la gente realmente púrpura, se concentra en su objetivo, en lo que mejor hace, no se complican la vida pensando solo en lo que sus rivales hacen o dejan de hacer. Compiten contra ellos mismos; el listón más alto se lo impusieron ellos mismos, y es ese el que quieren superar. ¿Y sabes qué ocurre después con ellos? Están llenos de confianza y optimismo sobre lo que pueden llegar a ser. Y la consecuencia lógica es que el miedo a asumir retos no exista y el objetivo se cumpla. Así funciona la vida.

Lleva esto ahora al mundo del dinero. Si examinas el nacimiento de muchas fortunas, te darás cuenta de que se gestaron en momentos de dificultades, y en los que primó la actitud por encima de ellas. Como lo digo en mis conferencias, un país en crisis, expresión generalizada y de la que no soy partidario, es el terreno más fértil para sembrar riquezas. Cuando tantos lloran, se hace más rentable la labor de vender pañuelos; a lo que vinimos, a propósito, las vacas púrpuras. Algunos de los socios más boyantes y exitosos que me han visitado vienen de países "en crisis"; suelo preguntarles cómo es posible que les vaya tan bien si las noticias que emanan de su país hablan solo de pobreza, inseguridad y estanterías vacías en los supermercados. Con una actitud que los define, y el brillo en los ojos, cual depredador, suelen decirme cosas como estas: "Sigo encontrando oportunidades, y es poco el tiempo que me queda para lamentarme; si supero estos momentos, superaré lo que sea". Esa actitud no la tiene cualquiera, por supuesto; solo la tienen quienes se blindan ante lo que muchos llaman crisis, con palabras ganadoras, observación, trabajo inteligente, y por supuesto, con mentalidad de vencedores y gran pasión.

## Preguntarte por qué te pasan las cosas te hace víctima; preguntarte para qué te pasan te vuelve emprendedor.

Un ser extraordinario no se queja de la falta de oportunidades, no se une a ese lamento generalizado; ve, huele, crea, identifica y aprovecha oportunidades. Los mejores surfistas, como los emprendedores, ven venir las olas, se encaraman en ellas, las disfrutan y luego se bajan. Otros tragan agua con la ola. Escoge: o te conviertes en el tiburón que huele sangre, en un auténtico depredador, o serás la sangre que se trague el tiburón. Antes de seguirte quejando por la situación, mira primero qué actitud pro-riqueza tienes. Qué tanto estás capitalizando oportunidades y preguntándote para qué te pasan las cosas. Y por favor, no me digas que si algo malo te pasó o algo que debías hacer no lo hiciste fue porque Dios así lo quiso. Quienes me conocen saben de mi profunda fe en Dios y lo creyente que soy en un ser superior. Respeto a los que no creen o simplemente profesan otra religión distinta a la mía. Pero sea cual fuere tu creencia, mi mensaje es claro: Dios lo que quiere es determinación; Dios lo que quiere es actitud; Dios lo que quiere es que con todo lo que te ha dado progreses, sirvas, ayudes a los demás. Dios lo que quiere es menos resignación. Reza como si todo dependiera de Dios, pero trabaja como si todo dependiera de ti.

Si no es un tema solo de Dios, cosa que quizá compartas, sino tuyo, propio, ¿qué debes hacer para tener una mejor actitud y asumir retos sin miedo? Mi respuesta preferida: tener más motivaciones. Las motivaciones activan sueños, eclipsan defectos y evitan suicidios. Tener grandes motivaciones es un prerrequisito para una actitud de hierro. Por la forma como camina una persona, verla como habla, y si me dejas ir más lejos, por ver la manera como toca una puerta, así como lo lees, sabré qué tantas y qué tan profundas son sus motivaciones. ¿Quedaste intrigado con lo que acabas de leer? Espero algún día encontrarme contigo; verte ingresar a mi oficina, y sin que hayas pronunciado palabra alguna, tomarme el atrevimiento de definirte, de decirte cómo eres; de mencionarte, con tu permiso por supuesto, cuáles son tus fortalezas y cuáles tus defectos. Y luego de sorprenderte me dirás: "¿Y cómo sabes todo eso de mí, si no he empezado a hablar siquiera?". A lo que responderé: eso es lo que tú crees. Continuemos.

He aprendido tanto de mis errores, que esa es sin duda una de las razones que explican mis avances. Siempre desconfié de los que solo hablaban de caminos de rosas, leche y miel. Me generan mayor credibilidad aquellos que me hablan de lo bueno que han hecho, para emularlo; y de lo no tan bueno, para evitarlo. En mis seminarios de inversiones presento los casos que me han generado utilidades y también los que han reportado pérdidas. En cierta ocasión, y luego de finalizar la sesión diaria, un participante se me acerca y me dice: "¿Juan Diego, no te da temor perder credibilidad con los casos de pérdidas que mostraste en el mercado Forex, cuando tú empezaste a hacer negocios?". Yo le respondí: "si un profesor o inversionista te muestra solo los casos buenos, vete de ahí, huye, porque es un mentiroso o porque lleva muy poco tiempo haciendo negocios como para que su pericia sea juzgada". En nuestra cultura se premia al que no comete errores; sobre todo en el colegio o en la universidad. Lo cierto es que, en la calle, en la vida diaria, se trata de ensayo y error, de ver qué pasa si hago esto o lo otro; de correr riesgos para encontrar recompensas, de asumir retos. Si alguien no comete errores grandes es porque solo intentó hacer cosas pequeñas. Quienes tenemos personas a cargo en nuestras empresas nunca vamos a tener ideas o proyectos brillantes que tengan un buen desenlace si no estimulamos la acción, el correr riesgos, en vez de preocuparnos solo porque siempre todo tenga que salir bien. Nada más costoso que una apariencia de perfección.

## Miedo a perder el empleo

Imagina el siguiente escenario: hoy pierdes tu empleo y en un año, mirando hacia atrás, lo ves como lo mejor que te pudo haber pasado en la vida. Repito, y antes de que me envíes telepáticamente tu angustia, solo imagínalo. Es una posibilidad; lo tienes que reconocer. Ahora te pregunto: ¿te parece muy grave haber perdido tu empleo si dentro de un año estás mucho mejor y le das incluso las gracias a Dios por haberlo perdido? No te parece grave, admítelo, sino lo mejor del mundo. Esa fue mi historia, que no volveré a repetir, pues o ya la conoces de YouTube, o de un seminario o de mi libro *Hábitos de ricos*. Ahora el que importa eres tú y el miedo a perder un empleo. Ya sé que "Matilde" te dijo que me preguntaras: ¿y qué pasa si me despiden y dentro de un año no estoy mejor, sino peor? ¿Y quién se encargará de mis deudas si ya no tengo empleo? ¿Y cómo cubriré los gastos de mi familia si nadie más en casa trabaja y yo soy quien provee? ¿No es una osadía renunciar a un empleo sin tener otro?

Déjame empezar por lo último; me parece más osadía trabajar en un empleo que no disfrutas y por el que te pagan mal. Eso sí que me parece riesgoso. Que vaya pasando el tiempo y que tus sueños, por miedo a renunciar, se queden solo en eso, en sueños. También te digo algo: al que lo despiden le hacen un favor si tiene educación financiera; al que no la tiene lo ponen a batirse contra su ignorancia y quizá sea el tiempo para que lo haga. En vez de preocuparte entonces por el "qué pasará si llego a perder mi empleo", empieza mejor a educarte financieramente para que no te importe cuando eso ocurra y al mismo tiempo ve ahorrando para que tengas un fondo que te ayude a soportar el rigor a corto plazo, si te quedas sin él. Pero lo importante: vuélvete más grande que tu empleo. Pocas veces tomamos conciencia de que el problema no es tener un empleo; es depender de él como única fuente de ingreso. Cuando estamos sumidos en un trabajo por años, no percibimos que nuestro conocimiento de muchas cosas que ocurren en el mundo, tendencias, nuevos negocios y posibilidades, se ha venido reduciendo. Te has concentrado tanto en tu empleo que pareciera no existir nada más. Nuestro alcance está limitado por nuestro conocimiento; debemos aprender de todo lo que nos pase, incluso de perder un empleo. Si te sientes asfixiado es porque te falta aire en eso que te ocupa. La asfixia equivale a tu mundo cuadriculado dentro del que no pareciera caber nada más; el aire, a nueva información y experiencias que te permitan crecer.

Si la vida te pone en la calle al perder tu empleo, no importa; vuelve a vivir al límite para expandir tu límite. Así como suena. Solo sabes hasta dónde puedes ir, si te atreves a ir más allá del sitio hasta donde hoy has ido. Es como si tú ganaras diez mil dólares al mes y creyeras que ganas mucho; ¿qué pasa cuando llegas a ganar veinte mil? Que ya los diez mil no te parecen gran cosa, porque tienes un nuevo listón. Igual si te tiras en paracaídas y no te pasa nada. ¿Tú crees que volverás a ser el mismo? ¡Nunca! Ahora reemplaza la palabra empleo por los veinte mil dólares o el paracaídas y llegas a una conclusión: la vida te está dando una oportunidad de expandir tus límites, de hacer cosas nuevas y de mirar el miedo a perder tu trabajo de otra manera.

Ir más allá de lo que crees posible es una práctica fascinante. Yo lo comprobé caminando sobre el fuego en varias ocasiones. ¿Lo has hecho? Hazlo con preparación. Nunca serás el mismo. Una vez que pasas el carbón encendido, a 800 grados de temperatura, sin quemarte, una nueva realidad se abre ante tus ojos. ¿Miedo? ¿Qué es eso?, dices. Vuelvo al tema: ¿tú qué vas a saber qué se siente no tener dinero para comer o para pagar el colegio de tus hijos si no te ha sucedido antes? "No quiero vivir eso, Juan Diego", dirás; ¿por qué?, pregunto. ¿Tú sabes lo que se te ocurrirá estando contra las cuerdas? Quizás el negocio de tu vida; la mina que buscabas, te lo recuerdo.

Un par de empujones más para que nutras tus decisiones y veas las cosas de manera distinta:

El primero: en cierta ocasión, un bote naufragó cerca de la costa; a una de las personas que debió nadar hasta la playa para no ahogarse le preguntaron cómo había sido la experiencia de nadar más de un kilómetro y estar a salvo. "Sé nadar muy poco", dijo. "Pero ¿y entonces cómo fue posible que lo hiciera?". "Debió de haber sido porque nunca antes había estado entre la vida y la muerte; si no nadaba más de lo que había nadado antes, pues me moría".

El segundo: alguien me dijo que su problema era que siempre era rescatado; pertenecía a una familia adinerada con la que podía contar finalmente, por más disparates que hiciera o errores que cometiera. Ahí estaban. Auténticos rescatistas. "Ese es mi problema", me decía. "Siempre encuentro auxilio". Entendí su mensaje: para rebotar hay que tocar el piso; de lo contrario, solo flotarías. ¿Cuál es el temor de tocar el piso si en tantas historias de éxito que vemos, es tocar el piso un prerrequisito para que luego vueles?

Mi moraleja tras los dos casos: solo sabes de lo que eres capaz en momentos extremos. Como perdiendo un empleo. ¿Te suena?

"¿Y si aun así continúa el miedo, Juan Diego?". Si no tienes las agallas para ir por una vida extraordinaria, quizás es porque te merezcas la que hoy vives. Muy fuerte, lo sé. O como lo dijera alguien de manera aún más cruel: "bienvenido al mayor rebaño del mundo, el de las vacas blancas". Estoy seguro de que tú estás destinado a mucho más que eso.

## El miedo a hablar en público

Es uno de los miedos más comunes y que más limitan a los seres humanos. Tú no tienes que nacer con facilidades para comunicarte; te irás formando en el camino. Ninguna herencia genética, como la de tener un padre con dotes de orador, vence la voluntad y la disciplina de quien se propone por fin cautivar con su lenguaje. "Es que yo soy muy malo para hablar en público", es una frase con la que se flagelan muchas personas. Tú no tienes que ser locutor, ni pastor, ni orador profesional. Pero está claro que con algunas técnicas útiles puedes hablar en público con mucha facilidad. Desde niño tuve el don de la palabra y una gran exposición a eventos públicos, que más tarde mutaron a los medios de comunicación y a las conferencias. He ido perfeccionando ese arte, con lectura, práctica y mucha pasión por lo que hablo. Esa es parte de mi profesión, de mi propósito de vida, de lo que me apasiona. Y cuidado: como cualquier fortaleza, se debe vigilar y alimentar para que crezca. Deja de comunicarte; aíslate, y notarás cómo, aunque el don se preserve, el impacto decae. Tú nunca debes dejar de invertir en lo que haces mejor. La única manera de seguirlo haciendo mejor es dedicarle tiempo y esfuerzo a tu don. "¿Y qué pasa si hablar en público no es mi fuerte y, por el contrario, me da miedo hacerlo?".

## No expresar por miedo un punto de vista es como tener una cuenta bancaria repleta de dinero y no poderla disfrutar.

Si tienes miedo a hablar en público o lo has experimentado y temes que se repita, déjame decirte algo alentador y obvio: no estás solo. De hecho, es uno de los mayores temores que citan las personas cuando se les pregunta por sus mayores miedos. Es tal su importancia, que incluso personas que llegan a los cargos más altos de una empresa, y algunos políticos, como lo habrás notado, no superan aún ese temor, cuyas manifestaciones son además evidentes. Lo que las otras personas piensan de nosotros suele importar bastante, y es esa la principal razón para que muchos experimenten el temor de no hablar bien en público y, por ende, ser mal vistos por los demás. La mejor noticia es que este miedo lo puedes usar a tu favor, volverlo un aliado, para preparar mejor una charla, presentación o conferencia, por ejemplo; pero también, ese miedo te muestra vulnerable ante tu público, lo cual hará que ese mismo público te anime en ocasiones a seguir adelante; y finalmente, el miedo es solo un reto más para superar. A continuación te enumero una serie de sugerencias que te pueden ser de mucha utilidad, no solo para vencer el miedo a hablar en público, sino para hacerlo realmente bien.

## La importancia de una idea

Si la idea está clara las palabras nunca faltarán. Ese el primer consejo, lo tengo presente siempre. Una buena preparación brinda confianza y hace que las palabras abunden. No tienes que aprenderte de memoria, en el sentido literal, aquello que vas a decir; es más, apelar a la memoria es un arma de doble filo, pues tu mensaje perderá naturalidad y, al mismo tiempo, si olvidas la secuencia, podría paralizarte. Lo mejor es saber del tema, leer bien tu guion y preferiblemente exponerlo ante alguien de manera previa, a manera de práctica, o incluso ante el mismo espejo.

Como bien lo dijera la guía oficial de TED para hablar en público: "cualquiera que tenga una idea digna de ser compartida es capaz de dictar una charla potente; una que sea capaz incluso de cambiar la visión que sobre el mundo tiene la gente". Con base en ello, ya tienes una sugerencia clara para empezar y disminuir el miedo: ten clara la idea que quieres expresar. Divagar o improvisar para quien no se considera fuerte, por el momento, hablando en público no es lo aconsejable.

## Tú sí tienes una idea

Más de una persona se estará preguntando: "¿Cuál idea mía puedo expresar con claridad, de forma tal que me sienta seguro y sin temor al expresarla, y que de paso le interese a quien la oiga?". No te subestimes. Estoy seguro de que hay en ti muchas cosas dignas de ser compartidas; puntos de vista, experiencias, problemas que hayas superado. Es posible que tengas historias interesantes que contar; a la gente le encantan las historias y todos podemos contar una buena. Todavía recuerdo a una socia VIP en mi oficina que me dijo: "he tenido tantos problemas en mi vida, y me la he pasado tan deprimida, que solo podría contar en un video de YouTube cómo superar una depresión". ¿Solo?, le dije; vaya tema tan importante. ¿Tú te imaginas, le seguí diciendo, cuántas personas en el mundo están deprimidas y quieren superar lo que tú has superado? ¿Sabes cuánta gente quisiera que la aconsejaras, con base en tu experiencia, cómo no caer en una depresión o reincidir? Mujer, por Dios, sí que te flagelas. Es más, hagamos un ejercicio, continué hablando: solo escribe en YouTube o en Google "cómo superar una depresión" y me dices qué encuentras. Te sorprenderás de la importancia de ese tema, el mismo que con tu comentario parecieras subestimar.

## Inspiración

¿Cómo inspirarme y hablar más seguro? Tú te inspiras más cuando crees en lo que dices, y lo has vivido. Cuando tienes una causa de vida más grande incluso que tu vida misma. La inspiración se nota; brota por tus poros; se siente el fuego en tu palabra, el brillo en tu mirada; la energía que proyectas. Cuando el público percibe eso, no solo te lo agradece, sino que habrás conseguido nuevos fans o seguidores. La autenticidad, el valor y el conocimiento son contagiosos.

## Facilitadores previos

Antes de hablar, respira profundo, como si estuvieras meditando; inhalas, retienes y exhalas. Toma agua; no mucha, así no necesitarás ir al baño en plena presentación. Come sano y en pocas cantidades; personalmente prefiero hablar ante un público con el estómago vacío.

## El inicio

Inicia con algo cómico, llamativo, o con algo que te muestre vulnerable, como un defecto, por ejemplo; o con una frase o imagen potente que invite a pensar; establecer conexión con el público, sean tres personas o cincuenta mil, es clave no solo para que te sigan en tu intervención, sino para que rápidamente te sientas más tranquilo y ni te acuerdes del temor que precedió a tu charla, exposición o conferencia. Que los primeros segundos de lo que dices sean memorables es vital, ya sea que hables un minuto, como cuando haces una pregunta en un evento, o si llevas a cabo una presentación de tres o cuatro horas. Ese inicio es con un *jab* al hígado. Algo contundente, fuerte, impactante, reitero. Así suelo empezar mis experiencias (conferencias) en todos los países que visito. Cautiva desde el principio; no le des la oportunidad a tu audiencia de que se disipe. ¡Toma el toro por los cuernos y cómete ese auditorio!

## Cero timidez

Ten claro que si "uno no se vende", nadie lo va a vender. No temas mostrarle al mundo tu talento, lo que sabes y, sobre todo, cómo ello puede beneficiar a los demás. Alardear es una cosa, venderse, otra. Hemos sido criados con la premisa de que si hablamos bien de nosotros mismos, eso se podría ver como de mala educación. Nada que ver. Es más, es tal el nivel de arraigo de ideas como esas, que no es de extrañarse que quien las pronuncia sea simultáneamente un mal vendedor. Y hoy, quien no sabe vender, ni se preocupe por ello, terminará viendo sus arcas escasas.

## Tu público

Piensa que la persona promedio que te está oyendo sabe menos del tema que tú. Incluso, en la mayoría de las ocasiones –y pasa tanto en un auditorio de perfiles diversos como en una presentación especializada–, pocos tuvieron el tiempo para preparar mejor el argumento que aquel que estás exponiendo. Tener entonces algo bueno que aportar te dará confianza, en la medida en que el receptor del mensaje no sabe lo que tú sabes y disfrutará o aprenderá al escucharlo.

## No le tengas temor al temor

Así como suena. Hay personas que empiezan con temor, avanzan, y este luego disminuye al hablar, hasta evaporarse. Lo importante es que el tamaño de tus sueños, el tamaño de tu idea, el tamaño de tu mensaje, sea superior al tamaño de tu miedo. O como ya lo dijera alguien: "la mejor manera para superar la timidez es llegar a estar tan involucrado en lo que hagas que se te olvide el miedo".

## Practica

Cada vez que puedas levanta la mano. Así solo sea para vencer a "Matilde", que en ese momento por cierto te debió haber dicho que no preguntaras nada.

## Lenguaje corporal

Vigila muy bien tu lenguaje corporal; pesa más que tus palabras a la hora de comunicarte. En especial, asegúrate de que no se contradigan lo que tú muestras con tus gestos y tu cuerpo, con las palabras que emites.

## Pasión

Ponle pasión a tu mensaje. La fuerza, la magia, la pasión con la que te comuniques retumbará en la mente de quienes te escuchan y, sobre todo, en su corazón. Un mensaje débil, falto de energía, sin convicción, eclipsa cualquier buena intención que puedas tener. Asegúrate de que cuando hables en público, lo hagas sobre un tema de tu interés, o en el que tengas una buena preparación previa. Si a mí me ponen a hablar del cambio climático no me irá tan bien a como me iría hablando de educación financiera y transformación personal. La pasión no sería la misma y, por ende, el mensaje no sería igual de potente.

## Tu conversación interna

Cambia tu conversación interna antes de hablar. Sea corta o larga tu intervención ante el público, no te sabotees por favor. Di que todo saldrá bien; que en otras ocasiones ya has hablado con éxito y que lo que harás no es nada frente a lo que puedes llegar a hacer. En otras palabras, no estás cobrando el penalti de la final de la copa del mundo en el último minuto y con el partido empatado. Estás para grandes cosas y la intervención que te espera no es nada comparada con ellas. Este es uno de los puntos más importantes para mí antes de hablar. Cuando me enfrento a un auditorio de dos mil o tres mil personas, pienso que "no es nada", ya que me esperan más adelante estadios de setenta mil. Eso me relaja y me baja la presión que pudiera llegar a sentir. Visualízate hablando bien y así será. La creación física de las cosas es precedida por una creación mental. Veo mis escenarios llenos y teniendo éxito. ¿Sabes qué pasa? Ya sabes la respuesta.

## Combina emociones

Si haces uso del humor en tu intervención, sin que se te pase la mano, no solo harás tu presentación más agradable, sino que le bajarás el tono a tu nivel de estrés y ansiedad. La risa relaja, destensa el ambiente y crea un favorable clima entre el orador y el receptor. Esto me ha sido de mucha utilidad. Siempre recuerda que lo que provoques, y no solo lo que hagas, será lo más recordado.

## El miedo al ridículo

"El ridículo" es en muchas ocasiones lo que muchos quieren hacer, y por miedo no lo hacen. Quieren contar un chiste, así sea malo; cantar una canción, así desentonen; disfrazarse, así lleven años sin hacerlo, o bailar, sin tener la menor idea de cómo. Pero siempre están pensando en el qué dirán los demás. Para una persona normal, de esas que yo no quiero ser, ponerse unas gafas de sol un viernes en la noche, en un recinto cerrado o dentro de un avión, puede parecer ridículo; para una persona menos convencional, puede ser un ejercicio divertido, con el que se siente bien, y que de paso le permite agitar o provocar a las vacas blancas. Total, lo que es el ridículo para algunos puede ser un experimento para vencerse a sí mismos para otros, y nada más serio en la vida que eso.

Ridículo puede asociarse con vergüenza; y el mayor antídoto para la vergüenza es convertirse en un SIN VERGÜENZA, que es distinto a sinvergüenza. Un sinvergüenza puede ser un borracho, un irresponsable y un bueno para nada. Un SIN VERGÜENZA puede ser un irreverente, un desafiante de lo establecido o, como le dicen en mi país, un fiel representante del "importaculismo"; una coloquial expresión popular para decir que no le importa nada, o que todo le importa un culo. Así como lo lees. Me declaro públicamente un agitador de vacas blancas, un transgresor, y no te asustes con el término, por favor, que el más famoso transgresor de la historia fue el mismo Jesucristo. ¿O te parece poco haber sentado a la mesa a pecadores y prostitutas y decir luego que el que esté libre de pecado que tire la primera piedra? Un genio.

La sociedad tiende a asfixiar al que piensa y actúa distinto, al que se aparta del rebaño; quiere que todos hagamos lo mismo y digamos lo mismo. Si le hiciéramos caso, ¿de dónde saldría un pensamiento nuevo? ¿Una genialidad? Recuerdo que cuando estudiaba en el colegio, y en plena clase de inglés, materia en la que me iba muy bien, fui sorprendido por el profesor cuando me preguntó cómo se decía nadar en inglés. En ese momento tuve un lapsus, no llegaba la respuesta a mi mente y se agotaba el tiempo para responder. Antes de que expirara la opción de hacerlo, dije: natation en vez de swim, que era lo correcto. Recuerdo que algunos compañeros se rieron (poco me importó; desde esa época ya "sufría" de importaculismo), y el profesor me dijo que me había equivocado. Con el tiempo, descubrí que una de las cosas que más me han ayudado en la vida es tener la valentía para asumir riesgos, sin tener de antemano las probabilidades a mi favor (con el tiempo irán mejorando, pienso siempre). Y también, que nada me dé pena. Natation equivale a hablar en vez de quedarse callado; equivale a correr un riesgo en vez de optar por el silencio en medio de la pena o el temor. Muchos, sin saber la respuesta, se habrían quedado callados y habrían dicho:

"No sé", pero son los mismos que hoy, por no saber el resultado por adelantado, se paralizan y no asumen riesgos. ¿Qué era lo peor que podía pasar? Que no supiera la respuesta, y con ello no se habría detenido el mundo. Total, lánzate, tírate al ruedo, no lo pienses tanto, dizque porque una gran manada de vacas blancas, que son las que suelen rodearnos, pueden reírse y criticar. ¡Me importa un #¡&%!

Con el tiempo he aprendido que los detractores son una fuente de inspiración y progreso, y que como ya lo he dicho, y volveré a decir, si no se tienen, pues hay que conseguirlos. Recuerda: "larga vida para ellos; para que alcancen a ver la contundencia de tu éxito".

> **Nada mejor que vivir la vida que quieres llevar; sin miedos, sin tapujos. Si no haces nada, te critican; si haces algo, también. Total, si te van a criticar de todas maneras, es mejor hacer algo.**

Convierte "el ridículo", como lo llaman las vacas blancas, en un auténtico placer. Me declaro, como ya lo dije, un agitador profesional de vacas blancas; me encanta ver cómo se retuercen, cómo sufren con las cosas que hago. Todavía recuerdo las críticas en las redes, de unos pocos, cuando cantamos y bailamos una canción al final de una conferencia a todo pulmón. Subimos el video en las redes sociales y algunos decían que si me había vuelto *disc-jockey* o pastor. Lo que ellos no saben es que solo las experiencias emocionales te transforman. Momentos que vives con tal intensidad que quedan para siempre. Lo mejor de todo es que como ya sabía que eso agitaría al mayor rebaño que hay en el mundo, el de las vacas blancas, me puse mis gafas de sol y llené el auditorio de pólvora y confeti; para que se viera "más ridículo aún". Cero timidez. Mundo púrpura. #ModoHervir puro.

Un caso más ilustra cómo disfrutar el ridículo y apalancarse con él. En una conferencia que dicté en la Ciudad de México, se me rompió el pantalón, desde la pelvis hasta la rodilla, luego de realizar un gran salto en el momento de salir al escenario. Así como lo lees. Cuando salté, sentí de inmediato como la tela se desgarraba y el aire frío del recinto se colaba por mis piernas. A medida que avanzaba la conferencia, y sus dinámicas, la tela se rasgaba más, y por ende más expuesto quedaba ante los asistentes. En cierto momento, y sin que notara cómo llegaba al escenario, vi la presencia de Mariana, mi hija, en él y justo a mi lado. Me hizo una seña para que me inclinara y al oído me susurró: "papá, hay que parar la conferencia, tienes el pantalón roto". Yo repetí en voz alta lo que mi hija había dicho, no sin antes presentarla, y le dije al auditorio: "Tengo el pantalón roto, como ya lo habrán notado. Pero un púrpura no les haría perder el tiempo deteniendo la conferencia y diciéndoles que me esperen mientras me cambio; así que seguiré". Y así seguí, con el pantalón roto desde el primer minuto y hasta el final, tres horas más tarde. Es más, quienes fueron al evento recordarán que luego de que mi hija bajara del escenario, le dije al fotógrafo que me tomara una foto destacando el pantalón roto, como anécdota y para la posteridad. Sabes cómo se llama eso que hice: disfrutar TODO lo que te pase y apalancarte con ello. Debes tener CERO temor al ridículo.

En otro caso, un socio me hablaba sobre su miedo a las reuniones con personas de mayor educación porque, según él, sus pocos conocimientos lo podían llevar a hacer el ridículo; algo así como hablar de lo que no se debe o decir cualquier disparate. El socio afirmaba que lo que ellos habían estudiado elevaba el listón de la conversación, con lo que se sentía fuera de lugar. Era claro que yo no le podía inyectar cinco años de universidad, dos de maestría e igual tiempo de doctorado en una sola sesión; pero sí le podía recomponer el contexto para que al ver las cosas de manera diferente se sintiera mejor y pudiera hablar sin temor alguno en una próxima ocasión. Le dije: en primer lugar, ¿te has puesto a pensar que esas personas también lloran, necesitan ir al baño, se comen las uñas, dicen mentiras, han sido infieles o tienen padres borrachos? Te aseguro que mínimo tres de esas experiencias las han vivido; total, son seres de carne y hueso; mortales; que fueron a la universidad, simplemente. Segundo, ¿quién te dijo que lo más importante de la vida se aprende en una universidad? Y que conste que te lo dice un universitario que ha pasado por pupitres de prestigiosas universidades del mundo. ¿Y sabes qué? –le dije–. Te regalo todo eso. Pero no te regalo ni uno solo de los cientos de fabulosos libros que han pasado por mis manos, de los que por cierto he aprendido casi todo lo que sé, y con los que he cambiado mi vida. Ni tampoco devuelvo las conversaciones fascinantes, con personas extraordinarias que me impregnaron de toda su magia para saber que podemos volar. Lo más importante entonces no lo aprendí en la universidad, sino fuera de ella. Lee entonces y conoce gente púrpura; y por si no lo recuerdas, los libros no se consiguen solo en las universidades ni las únicas personas valiosas tampoco. De hecho, te diré de un par de tiendas físicas y en línea para que cambies tu vida con lo que lees. Tercero, si esos tipos, con los que puedes sentir que haces el ridículo, se ríen de ti al darse cuenta de que no estudiaste formalmente, déjame decirte algo: acumularon posiblemente muchos conocimientos, pero olvidaron lo más importante: humildad, respeto y grandeza. Una persona culta nunca se reirá de ti por lo poco que hayas estudiado; solo se dedicará a escucharte y sabrá que también de ti puede aprender. Es posible que en muchos aspectos de la vida tú les puedas incluso enseñar muchas cosas a ellos: vivencias, experiencias, sabiduría popular, como la llaman algunos. Podemos aprender de la mesera que nos atiende en un restaurante, del señor que limpia los pisos de tu oficina, del presidente de la gran multinacional que tanto admiras, o de tu hijo que con ocho años ya sueña en grande, se ríe sin miedo y te hace sentir más vivo que nunca. Total, recuerda algo: de todos podemos aprender. Solo pregunta, cierra la boca y escucha: con oídos y ojos.

Ahora dime: ¿te sigue dando igual temor hacer el ridículo? "No, Juan Diego", me dijo. ¿Ves que no se trata de saberlo todo, sino de interpretar mejor lo que nos pasa? No le temas entonces a parecer ignorante; todos los somos en algún tema.

## El miedo a no "cumplirle" a mi familia

"Mi familia no me deja progresar"; "estudié lo que estudié porque mi padre me obligó"; "me tuve que ir de mi casa porque me consideraban un vago"; "mi madre me dijo que jugando futbol me moriría de hambre". Esas son apenas algunas de las frases que por años he escuchado en sesiones con socios y en auditorios por toda Latinoamérica. No quiero ser injusto, sin embargo. Muchas familias son fuente de progreso; papás y mamás que a través de valores, educación y sacrificios ayudan a sus hijos a salir adelante. Esa es una parte de la historia; la parte bonita, la que parece normal y no causa miedo. Pero hay otra: la de las familias en las que se cocinan muchos fracasos y frustraciones; la de las familias en las que se invita a ser alguien, pero sin el ejemplo para generar credibilidad; la de las familias en las que brotan y brillan los diamantes, las mismas en las que abunda la ignorancia para perfeccionarlos y enrutarlos hacia el éxito.

Muchas lágrimas han inundado mi oficina. Las de personas que cargan un equipaje muy pesado; endosado por sus padres. Las de personas que aún no cortan los lazos con un pasado de pobreza, acoso e incredulidad; las de personas que están para volar, pero a las que se les dijo que solo podrían caminar. Y el miedo las agobia; les pesa; ese miedo que se manifiesta al intentar hacer una pregunta en público; ese miedo que emerge al querer asumir un riesgo y emprender; ese miedo al añorar lo que se merecen, y que para muchos resulta elemental, básico; pero que para ellos pareciera no estar a su alcance. A esas personas les digo: "No juzgues a tus padres; si tú hubieras vivido lo que ellos vivieron; si tú hubieras carecido del afecto y de la educación de las que ellos carecieron, quizás habrías hecho lo mismo que contigo hicieron. Una persona púrpura, extraordinaria, no tiene tiempo para odiar; odiar es un mal negocio. Solo tienes tiempo para avanzar a partir de una mejor lectura de tu pasado. Como lo he dicho tantas veces, y lo seguiré diciendo: nunca es tarde para tener un pasado feliz".

Y continúo: "o subes tus ingresos al nivel de tus sueños, o bajas tus sueños al nivel de tus ingresos". A esos sueños, ayuda, o no, la familia. En muchos casos, en tu casa, quienes te rodean, son las piedras que impiden que el globo alce el vuelo; en otras, y por fortuna, son el combustible que hace que se mantenga alto o siga ascendiendo.

Lo que yo quiero proponerte al analizar ese miedo, esa dependencia, esa carga que se presenta con entornos familiares que no ayudan, es que tú nunca, léeme bien, tú nunca renuncies a tus sueños, ni dejes que los mancillen. Nadie vivirá tu vida por ti; ni se enterrará contigo en tu tumba. Así, mi interés es que sigas ayudando y siendo un buen miembro de familia, mas nunca alguien que subordine sus sueños a los intereses de otros o que por miedo contemporice con sus padres e, incluso, con su cónyuge. Tú no debes olvidar que el ser más importante que existe en la Tierra eres tú mismo.

El entorno es una extensión de nuestra mentalidad; y en ese concepto estoy incluyendo pensamientos y emociones. Cuando alguien dice: "conseguir dinero es muy difícil", ¿cómo crees que sea su entorno? Por supuesto, uno de escasez, limitaciones y sacrificios; si no hay sudor no es posible progresar, eso te dicen, en fin, historia conocida. Por el contrario, si el pensamiento es de abundancia y la persona reconoce las posibilidades que hay para conseguir dinero, no es de extrañarse que quienes lo rodean, sus amigos, su familia, sus mismas actividades, tengan que ver con la abundancia. Lo mismo ocurre con los sentimientos; una persona que odia a los ricos difícilmente se convertirá en uno de ellos. Si repites lo que posiblemente dijeron tus padres, de manera despectiva, sobre los ricos, ¿cómo piensas ser uno de ellos? Frases como: "más fácil entra un camello por el ojo de una aguja que un rico al reino de los cielos; o cuando un rico se muere nadie lo llora; o si es rico fue porque algo malo hizo o la riqueza no trae sino problemas", son expresiones que abundan en la región; palabras que posiblemente usaron tus padres y de las que te puedes desprender si no crees que sean ciertas. Ante un entorno así, no es común ver abundancia después. Alguien podrá decir que el que nació para ser, será; es cierto, hay excepciones y las he comprobado en mis sesiones con socios VIP. Casos edificantes a propósito; inspiradores, que incluso van más allá del mero dinero. Hijos de alcohólicos que no toman un trago porque la sola presencia del licor les repugna. Curiosamente, son hermanos de seres alcohólicos, los mismos que dicen que cómo no habrían de serlo, si veían a sus padres beber a diario. ¿Notas la diferencia? Dos hermanos, hijos del mismo padre alcohólico; uno que detesta el licor y otro que lo acoge. Lo veo a diario también con el dinero: "amo el dinero y lo que puedo hacer con él porque nunca tuve ejemplos en mi casa de abundancia"; y, ante la misma situación, otra persona que detesta a los ricos porque en su casa no hubo riqueza y consideraron a los ricos como sus verdugos.

**Se repite la historia: tú no eres lo que ha pasado en tu vida, solo eres lo que has hecho con lo que te ha pasado. Así de simple.**

## El miedo a no estar con la persona indicada

Es muy importante que quien nos acompañe tenga educación financiera o se interese por tenerla. La excusa de que no la tenemos porque estudiamos medicina, derecho o arquitectura, por ejemplo, no es suficiente. Si existe un propósito conjunto, debemos remar en la misma dirección.

Como si fuera ayer, recuerdo a un socio, con lágrimas en los ojos, literalmente, diciéndome: "Juan Diego, siempre he tenido sueños; siempre he querido progresar, y la frase que más me ha marcado, pronunciada por mi pareja recientemente fue: 'Tú sabes que tú no puedes'".

¡Guau! Quedé estupefacto. ¿Cómo puede decirte ella semejantes palabras; la persona que supuestamente debe ayudarte a nutrir tus sueños? ¿Acaso se cree pitonisa o algo similar como para vaticinar el futuro? Tú solo dile que te ayude a volar, o que te despeje la pista. ¿La recuerdas? Una de mis frases preferidas y que repetiré cuantas veces sea necesario. Una frase como la que pronunció tu esposa no solo es causal de separación, ¡sino de nulidad matrimonial! Un atentado contra la autoestima. Pero recompongamos el contexto –le dije–; sé que la quieres, por lo que me has dicho, y la miraremos no solo como a tu pareja, sino como a esa maestra que te envía la vida para que aprendas a involucrar a los demás, a convencer, y que finalmente vuele contigo.

Eso sí, dile que ni se le ocurra volver a pronunciar esa frase, porque tú volarás con ella o sin ella, le dije. Y aclaro algo en este punto: no es un problema de género. Ese mismo caso perfectamente pudo haber sido al revés: que las palabras que me dejaron estupefacto las pronunciara un hombre, y no una mujer.

Tú te preguntarás en este momento, si no tienes una pareja para el resto de tu vida, algo como esto: cómo identificar la mentalidad de mi pareja en lo financiero, antes de proponerle matrimonio, o de dar un gran paso con ella o con él, como irnos a vivir juntos, por ejemplo.

Haz el siguiente ejercicio: súbitamente, dile a tu pareja, si la tienes, o cuando la tengas, que quieres irte con ella de viaje a Europa el próximo verano. Hay cuatro opciones de respuesta que podrás recibir. En la primera opción, tu pareja se ríe; sí, se ríe, de tu sueño, de tu ilusión, de tu viaje. Soy contundente: no te merece; tiene mucho de vaca blanca. Ahí verás si te dedicas a la pedagogía por un buen rato hasta que se produzca una metamorfosis, un milagro o una reencarnación. Cualquiera de las tres.

En la segunda opción, tu pareja te dice algo así como: "¿Tú me viste cara de banco o qué? ¿Crees que me cae dinero del cielo como para que de buenas a primeras consiga dinero para ayudarte con ese viaje?". Mala señal; tu pareja no promete mucho; puede tener o poca educación financiera o llamarse María Pocalucha, Ana Pocalucha o Elisa Pocalucha; entendiéndose por Pocalucha un apellido metafórico para describir a aquellas (o aquellos) débiles de carácter, que hacen pocos esfuerzos y que se conforman con lo mínimo. Tampoco promete mucho esa respuesta; malos augurios. Tercera respuesta: "amor, no tengo el dinero en este momento; pero construyamos un activo que pague ese viaje. Sé que es tu sueño y a mí me encanta también". Esa pareja promete; vale la pena; continúa con ella.

Cuarta y última opción de respuesta: "Claro que sí, pero te quedaste corto; no solo iremos a Europa, sino que lo haremos en primera clase, y desde ya fijemos fecha". Esa es una vaca púrpura. Por favor: ¡No la dejes ir! Es más, si no estuviera casado te diría: preséntamela si llegas a terminar tu relación con ella.

Si te quedaron claras las cuatro opciones, podrías estarte preguntando: "¿Y si ya estoy casado o en una relación estable y no me cercioré de cuál era la mentalidad financiera de mi pareja desde antes?".

Las cuatro opciones siguen siendo válidas. Ya verás tú, pues a mí me resulta difícil decidir por ti, si continúas igual; o si hablas con ella o con él para involucrarlo y que se eduque financieramente; o si le das más prelación a otras virtudes que pueda tener y que para ti son importantes; ¡o si te separas!

Lo cierto es que los problemas asociados con el dinero y con la falta de entendimiento sexual están en el *top* de las razones para que una relación termine. "¿A qué te refieres, Juan Diego, con involucrar a mi pareja para que se eduque y mejore?". A convencerla para que se comprometa con tu causa de progreso. La mejor manera para hacerlo, es mostrarle cómo tu progreso la beneficia. Aquí va un truco simple: identifica las cosas que más le gustan; supongamos que es viajar al Caribe una vez al año. Cada vez que le pidas que lea, que estudie, que haga un curso contigo, dile que es para tener más recursos, que entre otras cosas, les permitan viajar con mayor frecuencia al Caribe. Si lo que le gustaría es ir a la Luna o a Marte, deberás educarte financieramente muchísimo más y crear un superactivo que pague ese viaje.

# 5

# EL MIEDO
# A LA POBREZA

Cuando se le pregunta a la mayoría de la gente a qué le teme, curiosamente muchos dicen que a nada: ¿a nada?, ¿de verdad? "Sí, a nada", reiteran con seguridad. Y si no le temes a nada, ¿por qué tienes tantos sueños sin cumplir? ¿Por qué aún no renuncias al empleo que detestas? ¿Por qué todavía no tienes el dinero para comprar el carro que te gusta o por qué no eres rico si tienes todo para serlo? "Bueno, pensándolo bien sí le tengo miedo a asumir ciertos riesgos y me da temor ser pobre". Perfecto, esa es otra cosa. Si quieres corregir un problema, empieza por reconocerlo. Como bien lo detallara Napoleon Hill, las personas con miedo a la pobreza tienen estos síntomas, o algunos de ellos.

## Indiferencia

Hace referencia a la falta de ambición y a la gran predisposición para tolerar la pobreza. Es aceptar la falta de abundancia en virtud de que quizá, para ellos, no merecen ser ricos y que el dinero es un tema de otros; es una resignación absurda, pereza mental y física, falta de iniciativa, imaginación y entusiasmo. Son las personas que se acostumbraron a vivir siendo pobres y que dicen a diario frases como estas: "en esta vida ya no fue"; "soy pobre pero honrado"; "soy pobre, pero qué más hago"; "me conformo con lo que tengo", o "rico es el que menos necesita".

## Indecisión

Es el hábito de permitir que los demás piensen por nosotros mismos, mantenernos al margen y querer hacer un
gol cuando el partido ya terminó. Es el típico síntoma de
las personas que siempre llegan tarde, que no deciden en
el momento indicado y que se tardan un siglo para decir
si es blanco o negro, o aprovechar una oportunidad. Eso
sí, siempre tienen la justificación perfecta para decir por
qué no hicieron algo y cuando cometen un error evidente
cuentan con un arsenal de disculpas inconscientemente
preconcebidas. Quienes albergan este síntoma suelen ser
envidiosos de quienes han alcanzado el éxito, a quienes
critican por lo materialistas que parecen o por la suerte
con la que cuentan.

## Precaución excesiva

Es mirar siempre el lado negativo de cada circunstancia.
Las personas que albergan este síntoma son premonito-
res de cosas malas; son los que siempre creen que todo es
susceptible de empeorar y llaman a los optimistas seres
desinformados. Son los que se irritan en su interior cuando
alguien que asumió riesgos tuvo buenos resultados. Pareciera que no les falta nada, pero no les sobra nada tampoco. Quieren tener toda la información por anticipado, en
particular la que les brinde seguridad a la hora de decidir,
si deciden. Su autoproclaman conservadores, y si les dices miedosos, te cambian la cara por una menos amable.
Los he tenido muy de cerca, y suelen ser pobres, aunque
ellos creen que no lo son. Se preocupan más por la palabra
fracaso y menos por conocer los medios para alcanzar el
éxito. Para ellos el columpio en el que montan los niños

se asemeja a una montaña rusa, y cuando les hablas de inversiones de renta variable, el tema les provoca pánico y sudoración, pues se precian de tener mucho dinero en una cuenta de ahorros.

## Dilación o postergación

La vieja costumbre de dejar para mañana lo que puedes hacer hoy forma parte de este síntoma del miedo a la pobreza. Siempre están aplazando las cosas. Cada 31 de diciembre establecen metas para el nuevo año que comenzará, solo que el próximo año tendrán la misma meta. ¿Y por qué no la cumpliste? Una buena munición de excusas sale de su boca. No hay voluntad para asumir un compromiso y luchar con toda la determinación posible. No se aceptan responsabilidades; se carece de confianza en sí mismo y se planifican las cosas solo cuando se ha producido una catástrofe financiera. Son personas que "no queman las naves" para ver de qué están hechas y así quedar sin opción de retorno alguno.

## El miedo a invertir

Siempre te dijeron que diversificaras mucho para que redujeras el riesgo, que pusieras los huevos en distintas canastas.

> Diversificar es una estrategia para no perder, más que una para ganar. Es una estrategia que se alimenta del miedo y la prudencia y que no siempre es conveniente.

"Pon muchos huevos en pocas canastas", como lo dice Warren Buffett, una de las mayores leyendas en el mundo de las inversiones del siglo XX y XXI, es una frase que me gusta mucho más. Incorpora menos miedo, aunque exige hacer la tarea, estudiar y evaluar bien aquello que se compra.

El riesgo al hacer una inversión no está dado por el nombre del activo que se adquiere, está dado por el desconocimiento del precio al cual se compra o se vende. Tú podrías decir que comprar una acción es siempre riesgoso, porque puede subir o puede bajar, y que por ende te da miedo. No obstante, asumamos que una compañía triple A, de gran tradición en el mercado, sólida y con buen historial en el pago de dividendos, se desploma por un problema que parece ajeno a la compañía; ahora el precio de la acción luce como una ganga. Te pregunto: ¿será igual el riesgo de comprarla hoy que cuando tenía un precio mucho más alto? Quizá no, y por ello, el miedo debería ser menor, pese a que se trata de una acción.

Pregunta por una inversión o modalidad de ahorro que no produzca mayor temor. Puede venir a nuestra mente una cuenta de ahorros, un papel o título emitido por un gobierno clasificado como sólido o un certificado de depósito a término.

**Si tú me preguntas por una inversión riesgosa y que me dé temor hacer, vendría a mi mente en primera instancia una cuenta de ahorros. ¿Por qué? ¿No te parece riesgosa una**

**inversión en la que ganas una tasa de interés tan baja y en la que poco aprendes sobre inversiones?**

Mira entonces la fascinante relación entre el miedo y la riqueza en este tema de las inversiones. El prisma o cristal con el que se miren las cosas hará que tu percepción del miedo cambie, y que por ende, tus inversiones sean distintas. Ocurre igual cuando tú ves desempeñar a alguien un trabajo riesgoso desde tu punto de vista. La persona que hoy lo desempeña está habituada a hacerlo, quizá diariamente, y no sabemos desde hace cuántos años. Total, su percepción de riesgo cambia.

Aún recuerdo, como si fuera ayer, mi emocionante época de *trader* en el mercado de divisas (Forex); despertándome a las 3 de la mañana, gran apalancamiento (inversiones muy superiores al dinero que tenía), compras y ventas en cuestión de minutos, en fin, adrenalina pura. No era extraño hacer una transacción de compra a las 8 a.m. y vender tan solo 5 minutos más tarde, a las 8:05 a.m. Cuando explico la manera como hacía este tipo de operaciones, me suelen preguntar: "¿Y eso no es muy riesgoso, estar haciendo negocios con tanta rapidez?". Me parece más riesgoso, respondo, invertir en lo que no conozco, sin metodología alguna y creyendo que, porque se trata de una inversión de renta fija, estás inmune al riesgo. Eso sí me parece riesgoso. Y te envío esta moraleja: especula más quien invierte en lo que no conoce, que quien especula en lo que cree conocer.

El miedo es distinto para todos, y como ya lo dije también, la información útil reduce el riesgo. A mis alumnos, seguidores y lectores les digo: si decides invertir en alternativas aparentemente tranquilas y seguras como las arriba citadas, cuentas de ahorros y demás, que sea porque las conoces y las has estudiado, no porque desconoces muchas otras.

**Nadie se hace rico con una cuenta de ahorros, ni con dinero debajo del colchón. Una cosa es ser rico y poner su dinero en una cuenta de ahorros, y otra, muy diferente, es hacerse rico con ese tipo de cuentas de renta fija o tasas conocidas por anticipado.**

Cualquier persona me podría decir en este momento: "siempre me han dicho que si soy temeroso, conservador o tengo una alta aversión al riesgo, debo escoger las inversiones de renta fija o de tasa conocida por anticipado, que las de renta variable, cuyo comportamiento oscila en el tiempo y por ende sus resultados son impredecibles, como en las acciones o las divisas". No obstante, veo que la renta fija no es tan conveniente siempre, ni tan fija como creíamos. ¿Cómo explicar aún más esto, y de manera sencilla, para ver las inversiones con otra perspectiva? Fácil: supón que inviertes en un título valor que te ofrece una tasa de interés de 10% anual. Seis meses después de comprarlo, necesitas el dinero y debes venderlo. Llamas a tu comisionista de bolsa o asesor financiero, y él te manifiesta que desde que se compró las tasas de interés han subido en el mercado, y que incluso un título similar al que tienes, para el mismo plazo de un año, se conseguiría ahora a 15% y no a 10%, que fue la tasa inicial. Cuando lo vendas entonces el comprador exigirá ya no una tasa de 10% anual, sino de 15%, lo que significa en términos simples que le estarás entregando una rentabilidad mayor a él, frente a la que obtuviste. Si las tasas hubieran bajado, y no fueran de 15%, sino de 5%, la situación sería favorable para ti en la medida en que entregarías una rentabilidad menor al comprador, 5%, frente a la obtenida, 10%. Moraleja: cuando las tasas suben y deseas vender o valorar la inversión, pierdes; cuando las tasas bajan y deseas vender o valorar la inversión, ganas. ¿Observaste algo? La supuesta renta fija no es tan fija como creíamos y el factor riesgo no desapareció. Es más, el gobierno o empresa que expidió el título que compraste, a lo mejor puede quebrarse o declararse insolvente para pagar, con lo que un nuevo riesgo aparece, comúnmente llamado en los mercados financieros como riesgo emisor. Riesgo hay siempre, aunque se puede reducir.

Cuando compras te preocupa o te da temor que el precio baje; cuando vendes, que el precio siga aumentando, en cuyo caso sientes que podrías haber ganado más. Una manera de reducir el riesgo haciendo inversiones de compra o venta es diciéndole a tu asesor, o incluso tú mismo poniéndolo en la computadora, que detenga las pérdidas en el punto en el que tú no estás dispuesto a perder más. Esto se llama una orden con *stop*, y como mi propósito desde el principio fue escribir un libro accesible para todos, lo explicaré de manera sencilla, fácil de entender. Compro una acción a 20 dólares. Puedo ingresar una orden con *stop* a 15 dólares, de tal suerte que si el precio llegara a bajar hasta allí, vendo en 15 lo que compré en 20, con una pérdida de 5 dólares por acción. Lo mejor: eso lo puedo hacer así la computadora se encuentre apagada y sin que yo tenga que estar vigilando los precios constantemente. Moraleja: si lo máximo que pierdo es solo lo que estoy dispuesto a tolerar cómo pérdida, el miedo se reduce. No hubo tragedia, solo aprendizaje.

Mucho cuidado con en el tema de las oportunidades, ahora que estamos relacionando el miedo y las inversiones. Una vez alguien me dijo que las crisis son solo un cambio de millonarios; cuando unas personas ven con pánico la palabra crisis, otros con *cash*, efectivo, y como si fueran buitres al acecho, la ven como una oportunidad. Hubo muchas personas que me vieron hablando de la acción del Citigroup públicamente, en televisión, cuando a propósito de la crisis del mercado hipotecario de Estados Unidos, en 2008 y 2009, la acción se desplomó por debajo de 1 dólar. Una auténtica ganga en su momento y así lo hice saber. Luego de que el precio subiera, muchas personas me decían: "Juan Diego, ¿sabe por qué yo no compré? Porque los recursos que necesitaba para comprar los tenía congelados en un fondo de renta fija en pesos, del que si me salía me penalizaban". Una enseñanza debe salir de este análisis: el efectivo parece inútil hasta que uno se lo gasta. Siempre tengan liquidez; el dinero en una fiduciaria o en una cuenta de ahorros (no todo por supuesto), no estorba. Permitirá aprovechar las crisis y los bajos precios que en las crisis suelen darse.

En un mundo como el de hoy, cada cierto tiempo se presentan crisis, en uno u otro mercado; como la del mercado hipotecario que ya citábamos, la ya remota crisis del sudeste asiático a finales de los años noventa, para no citar muchas otras más. Y como siempre hay crisis, siempre hay oportunidades, aunque muchos no las aprovechan. Y no las aprovechan solamente porque no las entiendan o porque ni se enteren de ellas, sino porque no tienen el dinero disponible para comprar activos a precios módicos. ¿Quieren que le siga echando limón a la herida? Microsoft estuvo a 15 dólares en esa misma crisis del mercado de Estados Unidos en 2008 y 2009, y al poco tiempo se duplicó. ¿Estamos aprovechando esas oportunidades? No las podemos aprovechar todas; no nos las sabemos todas, eso está claro; nos equivocamos, pero tenemos que estar ahí, en la jugada, con mayor avidez, con mejores hábitos; leer un periódico, ver un programa financiero, seguir cuentas útiles en las redes sociales y tener liquidez.

El efectivo no puede estorbarte, y la mejor muestra de sus bondades son los miles y miles de millones de dólares que han tenido en efectivo compañías como Apple. Y la gente se pregunta ¿pero para qué tienen tanto dinero disponible, en la mayoría de las ocasiones a tasas de interés muy bajas? La respuesta es para estar al acecho de oportunidades, entre otras razones. Ahora bien, un dinero en una fiduciaria o en una cartera colectiva de corto plazo o en una cuenta de ahorros debe verse como transitoria y no como una inversión permanente o de muy largo plazo. Estoy mirando más opciones, monitoreando los mercados, la economía, para poder retirar el dinero de allí e invertirlo mejor.

**Hay personas que ahorran para las "épocas de vacas flacas"; periodos eventualmente difíciles que puedan venir. No hagas eso; al hacerlo, solo estarás llamando a esas dificultades. Quienes ahorran para las "épocas de vacas flacas" ven cómo les llegan.**

Debemos ahorrar para invertir; ahorrar no es lo mismo que invertir. Ahorrar es desencartarse del dinero; invertir, por el contrario, supone un proceso de mayor actividad intelectual, de averiguación, de estudio. En otras palabras, la mayoría de la gente ahorra, la minoría invierte. Pero si tú ahorras, porque tal vez de pronto el año entrante te enfermas, ese no puede ser un propósito de ahorro. Invierte para ganar; no solo ahorres, que es desentenderse del dinero, quizá motivados por el miedo.

## El miedo a comprar por Internet

Si me da miedo comprar por Internet algo tan simple como un boleto para ir al cine, o pagar la cuenta del agua o de la luz, ¿cómo me libero de ese miedo para hacer inversiones por Internet u operaciones más complejas? Es una pregunta que aún me hacen con frecuencia. Mi respuesta no ha variado mucho desde que empecé a utilizar mi computadora, y ahora el teléfono móvil, para hacer compras e inversiones, desde un paquete de acciones hasta libros, pasando por ropa, computadoras, electrodomésticos, índices de oro y petróleo, entre otros. Es más, trato de recordar si me dio miedo al momento de hacer cada compra o inversión, sobre todo las primeras veces. Debió de haber sido tan mínimo el miedo, frente a la adrenalina de comprar o invertir, que para ser sincero no lo recuerdo.

Muchas personas dicen que temen no ver físicamente a la contraparte, y que han oído historias de estafas por Internet; que prefieren visitar por ejemplo una sucursal bancaria para hacer un pago, así ello suponga perder el tiempo haciendo una larga fila, y que también les da temor que mientras pagan, la energía se corte, etcétera. Respeto el miedo, pero solo recuerdo que el tiempo es muy valioso como para perderlo haciendo filas o largas llamadas telefónicas, sabiendo que yo mismo, desde la comodidad de mi casa u oficina, puedo comprar, o vender o pagar. Además, las compañías cada vez invierten más en seguridad y las plataformas suelen ser más amigables, reguladas, y hasta brindan información en múltiples idiomas. Me gusta utilizar sitios web que ya tengan mucho tiempo en el mercado para estar más tranquilo, y contar con testimonios de personas que ya hayan utilizado sus servicios. Si tuve algún problema con la transacción lo tomaré como una oportunidad para aprender, no como algo que debo dejar de utilizar. Sería como si una tarjeta se me queda atorada en un cajero electrónico en el momento de hacer un retiro. Pasó, ya está, pero lo volveré a usar. Si me subí de nuevo en una avioneta hacia la isla de Contadora, tras casi matarme en el primer intento, cómo no habría de probar de nuevo con un cajero o una transacción por Internet, cuando millones de personas en el mundo ya lo hacen a diario.

Algo tengo claro desde hace mucho tiempo: a uno le "roban" el dinero donde uno menos piensa; ¿o es que no se te asemeja a un robo las mínimas tasas de interés que por tus recursos te pagan ciertas instituciones financieras, cuando al mismo tiempo son ellas las que llenan sus arcas con las altas tasas que te cobran por el uso de una tarjeta de crédito?

## El miedo a no tener casa propia

Tener casa propia puede dar tranquilidad y placer, y puede hipotecar también tu futuro. Muchas personas me dicen que si no financian su casa con un banco a 15 o 30 años, nunca la podrían conseguir.

Tener casa no siempre es un buen negocio, sobre todo si las tasas de interés a las que te prestaron el dinero son altas, los plazos son largos y el inmueble no se valoriza como quisieras. Aún así, quieres tu casa y supongamos que no hay marcha atrás. Pero ¿por qué la necesidad de comprar una casa financiada? Te voy a poner un reto: no le pidas dinero al banco; si realmente quieres la casa, crea un negocio que te genere el flujo de caja necesario para pagarla; todo, de una sola vez. "Muy difícil", te dice "Matilde". No lo creo, primero porque difícil es una palabra que no aparece en el diccionario de una vaca púrpura y, segundo, porque si *el quiero es realmente fuerte, el puedo es real*. ¿Te suena? Quiere mucho esa casa, y será más fácil poner un negocio que la pague. ¡Quién dijo miedo! Ahora bien, si tienes una tasa de interés preferencial o muy baja por el dinero que te prestan, y fuera de ello tienes beneficios tributarios, léase pagar menos impuestos por pedirle dinero a un banco para comprarla, adelante. Lo que aquí quiero destacar es el cuidado que hay que tener con créditos que hipotecan tu futuro, largos, repito, costosos, y que hacen que te conviertas en un autómata. Trabajas, pagas deudas, vuelves a trabajar y sigues pagando deudas e intereses. Si quieres algo, de lujo incluso, crea un activo que lo pague. Un activo es también una idea que da dinero. Recuerda que en mi canal de YouTube, Invertir Mejor Online, te brindo ideas adicionales para invertir y crear negocios, sin tener dinero. Así como suena.

> **Lo cierto es que cuando tienes una deuda tan larga con un banco, acabas trabajando para pagarle al banco; o, como ya lo he dicho, has conseguido un nuevo empleo: el de empleado bancario.**

Igual ocurre frente a la inversión en activos financieros. Muchas personas preguntan qué tan bueno es acudir a deuda para comprar acciones, por ejemplo. Mi posición es la siguiente: si la deuda se contrae a tasas muy bajas y el potencial de valorización de la acción que vas a comprar es muy atractivo, puede ser aconsejable. Con esas dos premisas repito, tasa baja y potencial de valorización alto.

Sin embargo, y por mera ortodoxia, mejor si no tienes que endeudarte para comprar acciones, porque la deuda usualmente es a una tasa fija, y las acciones son de renta variable; así como pueden subir, pueden bajar.

## El miedo a perder bienes materiales

Cuando pierdes algo material, valoras aún más lo que no lo es. Hay algo muy particular cuando te despojan a la fuerza de algo que posees, como un reloj, un teléfono móvil, un carro o el dinero mismo. Tras la reacción inicial de impotencia y rabia, le das gracias a Dios por estar con vida, ileso, sano y salvo; ni qué decir si estabas con tu familia y que todos estén bien. Los ves diferente ahora; los abrazas, los besas y valoras su presencia como nunca. Tienes conciencia de que sigues siendo un privilegiado de la vida al contar con lo que más importa. Lo que tiene precio se recuperará; lo que no tiene precio, como tu salud, la vida y la libertad, se ven ahora a través de otro prisma. Que perdiste algo que no querías perder, claro; que trabajaste duro para conseguir las cosas, por supuesto; que no es bueno o placentero que te despojen de ellas, obviamente; pero al perderlas, valoraste lo que más importa también. Aparece de nuevo la palabra *apalancamiento*; en momentos difíciles es cuando más aprendemos. ¿Qué mensajes nos está enviando la vida cuando nos roban o nos despojan de algo material? ¿Debemos ser más generosos acaso? ¿Más espirituales y "ligeros de equipaje"? ¿Hay que aportar más en la construcción de una mejor sociedad?

¿Qué mensajes nos está enviando la vida, de nuevo, cuando por hacer una mala elección o inversión perdemos algo que ya teníamos? ¿Debemos ser más cautos, más estudiosos o preguntar más antes?

No se trata solo de condenar el acto, repudiarlo, arrepentirnos, poner una denuncia ante la policía o preguntarse mirando hacia el cielo "¿por qué me pasó a mí?". Se trata de leer mejor lo que nos pasa, y al hacerlo, encontraremos las respuestas que nos harán más sabios. Pregúntate "¿para qué me ocurrió esto?" y verás el aprendizaje. ¿Cuál es el miedo entonces?

## El miedo a que mi negocio no funcione

"Juan Diego, la mayoría de los negocios que empiezan, de los proyectos de emprendimiento que comienzan, no superan los dos primeros años de vida". Mi respuesta siempre es la misma: te capacito, te pongo videos en YouTube y escribo libros como este para que no te preocupes por la mayoría, sino para estar en la minoría. Así sea el porcentaje muy bajo, como 10% de exitosos, por ejemplo, quiero que pienses y que te comportes desde ya para estar ahí.

Muchos negocios que no funcionan obvian una regla simple que he ventilado hasta la saciedad: primero, preguntarse qué me gusta hacer; segundo, qué hago mejor que los demás, y, tercero, qué necesidades hay por satisfacer. Nos habríamos librado de muchas quiebras si quienes empezaron sus negocios se hubieran hecho esas tres preguntas.

Sea por lo que fuere, el lector estará pensando que esa posibilidad está latente, y que si llega a presentarse, no sería fácil volver a empezar. Es más, le surgiría una inquietud: ¿quién me dará dinero o me proveerá crédito para comenzar de nuevo? Frente a esto opino lo siguiente: no preguntes primero quién te dará el dinero, pregúntate mejor a quién le puede ayudar, a quiénes les resuelve problemas o satisface necesidades lo que quieres hacer. Estamos en la cultura de pedir primero. Abriendo la boca para que nos alimenten.

**Hace tiempo entendí que si tú quieres cambiar lo que recibes, debes cambiar primero lo que das. ¿No te gusta lo que recibes de la vida? Pues bien, cambia lo que le estás dando a ella.**

Hay muchas necesidades en el mundo de distinta índole. ¿Tú cuáles satisfaces? Hay que cambiar entonces el *chip* de esperar a que te den dinero para ver qué hago con él, a mirar cómo puedo servir, desde lo que sé, para que ese dinero llegue como consecuencia de mi quehacer.

Invertir Mejor nació con el dinero que generaron mis primeros seminarios; no acudí a crédito bancario ni le pedí dinero a alguien, ya fuera para montar mi oficina, en un comienzo alquilada, como para comprar una computadora y abrir una cuenta en el mercado Forex. Fueron recursos propios. Tenía un conocimiento, y con mística y determinación lo empecé a derramar sobre todos aquellos que acudían a mis eventos. Esas personas necesitaban información que yo poseía; requerían que les explicara cómo invertía por Internet; se hallaban ávidas de saber cómo se le podía sacar provecho a una computadora que en la mayoría de los hogares no producía dinero alguno, y que de hecho podía considerarse como el adorno más costoso de ellos. Satisfice necesidades, solo eso. Y el dinero llegó.

Cuando me dicen que un negocio no funcionó suelo preguntar si realmente se le dedicó tiempo y dinero a lo que mejor sabe hacer quien lo inició, o si se tomó la molestia de analizar a su competencia y ver el estado del arte (indagar qué había en el medio similar a lo que quería hacer o al negocio que finalmente puso en marcha). También pregunto si se necesitaba un negocio como ese, o más bien fue fruto de un impulso emocional al ver negocios similares con buenos resultados. "Juan Diego, la tarea no se hizo en su totalidad", suelen responderme.

Ahora bien, partamos de que pese a todo lo que debe tenerse en cuenta antes de iniciar un negocio no lo hicimos y la quiebra tocó a nuestra puerta. ¿Qué sigue? Lo primero es decir que quien ya quebró una vez no está partiendo de cero. Las dificultades que vivió le tienen que servir de experiencia. Lo malo para no repetirlo y lo bueno para continuarlo. Recuerda el ejemplo del jugador de básquet; al lanzar para encestar, y posiblemente fallar, tiene más conocimientos para el próximo lanzamiento que aquel que no lanzó. De igual manera, quien quebró ya sabe al menos una forma de no volverlo a hacer. Tal y como ocurría con Thomas Edison y la bombilla.

Cuando tú tienes una buena idea no requieres de mucho capital para progresar. Admitamos, al menos momentáneamente, que esta sí es una buena noticia. La quiebra o el negocio anterior nos dejó sin dinero, o sin "lana" como dicen en México, y es poco con lo que se cuenta para iniciar. Además, no es solo dinero: es el miedo de volver a atreverse. "Matilde" habla en momentos como ese y será una piedra en al camino; superable, por cierto.

## Si quieres que tu negocio llegue a su primera comunión, no te gastes todo el dinero en el bautizo.

No nazcas, o renazcas, muy grande, sobredimensionado, o con demasiados costos fijos, oficinas muy lujosas y muchos empleados. Ve progresivamente, reinvierte las utilidades o parte de ellas y sé prudente al comienzo. Si tu idea es buena, el capital la buscará; pero no la ahogues con derroche y altas deudas. Ve de menos a más. No incursiones en negocios que no conozcas y que no disfrutes. Picasso no tocaba el piano. Era un gran pintor. Si tu capital es demasiado bajo, edúcate financieramente; sigue leyendo libros, mira videos en Internet; más ideas se te ocurrirán para salir adelante. Y déjame decirte algo adicional: si no tienes dinero, pero vas acumulando educación financiera, superarás a aquel, que teniendo dinero, carece de la educación y el criterio para sostenerlo o incrementarlo. La mejor prueba de ello es la persona promedio que gana una lotería. Luego de ganarla, y en muy corto tiempo, vuelve al estado que tenía.

Tercero, el componente emocional sí que es clave para superar una quiebra; el miedo a empezar de nuevo sí que es un factor a considerar. La confianza se deteriora, y "esto puede volver a pasar" es una frase que se repite en tu cabeza. Mi sugerencia en este punto, y luego de interactuar con muchas personas que me buscaron después de una crisis financiera producto de una quiebra, es la siguiente: la persona que quebró no es la misma persona que quiere reintentarlo. Y no solo por las experiencias y conocimientos que la misma quiebra deparó, como ya lo citábamos. Ahora hay un componente adicional: la revancha. Decir que no funcionó para una vaca púrpura es equivalente a decir que la vida me puso una banderilla en mi lomo, con lo que se incrementó mi bravura. Ya veremos si no funciona mi próximo negocio; ya veremos. Puedes evocar, amable lector, las expresiones que digo en mis conferencias: sangre en el ojo, fuego en las palabras y pólvora en los intestinos. Sí, puro "modo hervir". Allá afuera están los que dicen: "allí va de nuevo con su próximo intento; seguro que no le funcionará, es un iluso". Cargado de tigre harás que funcione. Así como lo lees. Ya no funcionó en una ocasión; no esperaré que la tercera sea la vencida. Estar quebrado es algo temporal; ser pobre mentalmente puede ser eterno. No tengo tiempo para perder. Mañana es ya.

Cuarto, hay un dicho muy popular que dice: "Es mejor tener amigos que dinero". Yo, como vaca púrpura, me quedo con las dos cosas y recompongo la frase: es mejor tener amigos y dinero. Cuando quiebras, muchos te hacen a un lado, te discriminan e incluso parece que te hubieras infectado con alguna enfermedad. Te evitan. Pero salen también tus mejores amigos, los que siempre han estado ahí; y es más, llegan a tu vida nuevas personas que, contrario a lo que piensan la mayoría, saben que ahora tienes más pericia y que tu piel se ha endurecido gracias a la adversidad. Y quieren hacer negocios contigo. Identifica muy bien a las personas que deben acompañarte en tu nuevo emprendimiento; que comulguen con tus sueños y complementen tus fortalezas. Y, ante todo, que sean decentes, honestos. Muchas quiebras tuvieron por génesis a malos compañeros de viaje; personas con intereses mezquinos que, ante cualquier adversidad u oportunidad te dieron la espalda. Escoge bien; eres ya más sabio.

## El miedo a las deudas

Hay deudas buenas y deudas malas. Las deudas buenas te impulsan y te permiten progresar; las deudas malas hipotecan tu futuro, las pagas hasta varias veces y deterioran tu salud. Una deuda buena es una deuda que otro paga por ti, que se contrae a tasas de interés muy bajas y, con el dinero que te prestan, creces tú y ves crecer tu negocio. Vamos por partes: ¿cómo es que una deuda buena es una deuda que paga otro? Claro, aquí te pongo varios ejemplos:

le pides dinero a un banco, compras una casa, la alquilas y con el dinero del arrendamiento pagas la hipoteca; es decir, el dinero que te prestó el banco. Al mismo tiempo, la casa se debería valorizar. Esa es otra buena noticia. Un segundo ejemplo de deuda buena es cuando utilizas tu tarjeta de crédito después de la fecha de corte de tu banco, pagas en una sola emisión, no te cobran intereses y, por haber utilizado la tarjeta, te dan millas que usas para viajar en avión. Eso ha funcionado en algunos países. Resulta útil mencionar que la fecha de corte es una fecha mensual que establece el sistema bancario y a partir de la cual los pagos que se hacen no quedan para el mes siguiente, sino para uno más adelante.

Tercero, cuando alguien te presta dinero a una tasa de interés anual de 10%, por ejemplo, y tú pones ese dinero a trabajar en tu empresa, y al cabo de un año ves que produjo una rentabilidad de 20%, no solo te habrás apalancado, en su más genuina expresión, sino que fue bueno haber contraído la deuda.

Cuarto, los que hemos hecho operaciones en el mercado de divisas (Forex) sabemos que hay oportunidades, tanto en compras como en ventas, para hacer negocios por montos mucho más grandes que el dinero que tenemos y también sin pagar intereses, cuando por ejemplo dichas operaciones se cierran muy rápido; esto es, si tras comprar vendo en un lapso de minutos o incluso horas. Quiero hacer higiénica la lectura y no complicar las cosas en un libro de alcance masivo. La moraleja es simple: hay deudas buenas. ¿Y cuáles son las malas? Más allá de la definición, muchos de nuestros lectores e incluso yo, que escribo este libro, las hemos padecido. Deudas a intereses altos, que nos hacen pensar que trabajamos para pagar deudas, y a plazos largos; nunca terminan; llevamos años y años pagando, y siempre nos dicen, el banco o una persona natural, que no hemos abonado a capital, que solo hemos pagado intereses, y que del dinero que nos prestaron (capital) se ha pagado solo cierto porcentaje. ¿Te suena conocido? Y vamos más allá: las deudas con tarjeta de crédito a plazos muy largos sí que son deudas malas. Basta que te preguntes cuánto te paga el banco por el dinero que te reciben, conocida como tasa de captación, y cuánto te cobran por el dinero que te prestan, conocida como tasa de colocación, para que descubras en la diferencia de una y otra qué significan intereses altos.

Como ves entonces, la deuda no tiene una definición de talla única, sino que más bien dependerá de cómo la usaste y bajo cuáles condiciones obtuviste el dinero. Alguien me dijo en cierta ocasión que "las tarjetas de crédito eran lo peor". Yo le dije que no coincidía con esa apreciación; que los malos son los hábitos de compra, no las tarjetas, las que por cierto no van solas al supermercado ni a comprar a un centro comercial.

¿Por qué entonces tanto temor a las deudas, teniendo tantas cosas buenas como de hecho las tienen? Mi experiencia me dice que el temor no es a las deudas como tal, sino a lo que se esconde tras ellas, a lo que las propició: malos hábitos de gasto, falta de educación financiera, irracionalidad en el consumo, pocas fuentes de ingresos para pagarlas, entre otras razones. A eso es a lo que en el fondo le temes; no a la deuda, sino a llegar a endeudarte mucho, a no saber qué tipo de deudas adquieres y a no tener cómo pagarlas. ¿Estamos?

**Una sugerencia entonces para que este tipo de deudas no pongan en riesgo tu futuro: por cada "egreso pasivo" que tengas, ten mínimo un "ingreso pasivo" que lo pague.**

¿Algún otro temor en el tema deudas? Sí, llenarse de "egresos pasivos". Así como existen los ingresos pasivos existen los "egresos pasivos". Los primeros dan cuenta de dinero que llega por un esfuerzo que se hace una o pocas veces, pero que alcanza para seguir produciendo ingresos. Las regalías por escribir un libro o producir un disco son ejemplos. Lo escribes o lo produces una vez, y el dinero te sigue llegando. Gran negocio; la obsesión de los ricos. No tan buenos negocios son los segundos, los "egresos pasivos" o gastos que debes pagar mes a mes, sin hacer nada. ¿Tienes varias tarjetas de crédito, por ejemplo? Pues bien, las cuotas de manejo son típicos ejemplos de esta serie de egresos. Sin darte cuenta, te vas llenado de egresos que, si no son cubiertos por su contraparte, los ingresos pasivos, te llevarán a una situación tal en la que trabajas para pagarlos. ¿Tienes varios carros de lujo, que más allá de darte gusto con ellos o disfrutarlos son más pasivos que activos? Si la respuesta es afirmativa, te recuerdo que los impuestos y los seguros que debes pagar, dejando incluso tus carros en el garaje, sin siquiera usarlos, son también ejemplos de este tipo de "egresos pasivos". Más vale entonces que los pongas a producir, o que tengas a tantos activos generando ingresos, que como se dice popularmente, "los lujos se paguen solos".

# 6

# HISTORIAS
# QUE INSPIRAN

---

Millones de personas podrían servir de ejemplo para superar miedos. Por una u otra razón, escogí una serie de personajes, de distintos géneros y momentos de la historia, de variedad de tendencias, credos y ubicación geográfica, que entendieron que sus sueños son mayores que sus miedos, que sin importar de dónde venían o cuán difíciles fueron las circunstancias que les correspondieron vivir, terminaron alimentándose de ellas, para vencerlas y dejar un legado, que es finalmente a lo que vinimos. Desconozco lo que harán los que aún viven, es incierto; solo me concentro en lo que hicieron, una realidad. Más allá entonces de si viven o no en el momento en que leas este libro, o si continúan siendo un ejemplo, aprendamos de aquello en lo que fueron una verdadera inspiración.

## Los Wallenda: sin espacio para el miedo

"Entrene bien, permanezca calmado, enfóquese en el próximo paso y no permita que el miedo entre a su mente". Esas palabras las pronunció Nikolas Wallenda luego de atravesar caminando sobre una cuerda, con los ojos vendados, y paso a paso, dos rascacielos en Chicago en 2014. "Si no estuviera lleno de confianza, no habría dado el primer paso", continuó diciendo en la entrevista que le concedió a NBC News tras lograr su hazaña. Ver el video en You Tube produce sudoración y escalofrío. Por cierto, lo puedes buscar bajo el nombre: *Wire-Walker. Nik Wallenda: No time for fear.*

El episodio de Chicago no ha sido el único, por supuesto; cruzó el Gran Cañón y las Cataratas del Niágara, dejando en alto, una vez más, el apellido de una familia con gran tradición en el tema, siete generaciones para ser exactos. Nik, como lo llaman, ya estaba caminando en las alturas antes de nacer; su madre caminó por la cuerda con 6 meses de embarazo. Su ídolo era su abuelo, quien practicaba lo mismo, cayó desde las alturas y falleció a los 73 años. La mamá de Nik hizo el mismo recorrido de su abuelo a manera de homenaje. "Muy interesante la historia, Juan Diego; ¿y qué hago con ella?".

Para el desarrollo de este libro me propuse estudiar casos de personas que desafíen probabilidades, que convivan con el miedo y que de hecho lo conviertan en algo cotidiano. Me preguntaba cosas como: ¿qué los lleva a tener actividades cuasi suicidas? ¿Cómo se preparan mentalmente para hacer cosas surrealistas? ¿Qué papel jugó su familia en lo que hoy hacen? ¿Hasta qué punto hay un factor genético que incida en la suerte de un temerario? Esas y tantas otras preguntas pasan por mi cabeza. Ver un video de un *Wire-Walker*, como se le llama en inglés, equivale a ver a un campeón olímpico de la maratón, que llega extenuado a la meta, casi sin vida, gana la competencia y le cuelgan la medalla; pero ¿qué hay detrás de esa medalla? Ese es mi interés.

Es más, mi voracidad aumenta por ir más al fondo de la historia de los Wallenda. ¿Cómo es posible que alguien recorra los mismos pasos que recorrió su abuelo antes de morir? ¿Hay allí algo de masoquismo, quizás? Tras ver múltiples entrevistas y gestas épicas, tengo varias conclusiones que nos pueden ser de utilidad para nuestro futuro, así hagamos cosas muy distintas a las de los Wallenda. Primero, una exposición temprana al riesgo nos ayuda a verlo de otra forma, incluso con actividades que en apariencia no se caracterizan por tenerlo en alto grado. Hablar en público es una de ellas. Si desde joven te exponen a los medios de comunicación, a tener los reflectores apuntando hacia tu rostro, a ser el centro de atracción, a participar en actividades que impliquen un alto perfil, tu predisposición a hablar en público en el futuro aumentará. No te debes volver una celebridad, un político o presentador de televisión. Solo tendrás en tu memoria lo que ya viviste; solo tendrás tatuado lo que ya sentiste; no será nada nuevo para ti exponerte al público, y en consecuencia, lo harás con una mayor facilidad. Si no viviste eso en tu niñez, haz que tus hijos sí lo vivan. Que lean en la iglesia, que pregunten durante una reunión, que lean en voz alta en alguna celebración familiar, pero que hablen. No hay nada más triste que ver a personas de edad avanzada ser presas del pánico escénico, del tartamudeo, o del "yo paso", cuando les corresponde hablar. Si algo le agradezco a la vida fue haber tenido una exposición alta y temprana para hablar en público, y que no te dé temor de nada en ese sentido.

Segundo, el componente genético importa, mas no es excluyente. Estoy seguro de que varias generaciones de caminantes sobre cables metálicos, a grandes alturas, tan altas como las del Empire State Building en Nueva York, para que te formes una idea, impregnarán a sus futuras generaciones de mayor inclinación al riesgo, que aquellas familias en las que se desconoce tal actividad o en las que por el pánico a las alturas, un segundo piso luce como un rascacielos. Sin embargo, no se puede afirmar de manera categórica, pues una gran variedad de hechos lo desvirtuarían, que el solo componente genético determina lo que harás con tu vida en materia de riesgos y miedos. He conocido a muchas personas amantes del riesgo con padres conservadores. Quien escribe este libro es uno. Mis padres son conservadores y prudentes; no podría afirmar que esas virtudes me distingan. Mis abuelos tampoco eran amantes del riesgo y la adrenalina. ¿Qué es entonces lo que pasa? Que tú puedes criarte en un ambiente conservador y en el que se valore la prudencia, pero con el tiempo la sociedad, lo que te corresponda vivir y tus mismos apetitos te llevan por otros caminos. Y para tu beneficio, este último punto es en el que más me quiero concentrar. Partamos de algo claro: lo que para una persona es muy riesgoso, para otra, habituada a realizarlo, no lo es tanto. Hay quienes tienen por mascota una serpiente; otros no soportan siquiera verla. Con esa misma serpiente, algunos incluso se ganan la vida, cuando se acercan a ella la miran fijamente y emprenden una variedad de rituales difíciles de concebir. Tú dices: "qué actividad tan riesgosa". Lo mismo dirías al ver a alguien que limpia vidrios en el piso 60 de un rascacielos, pero no por la actividad en sí misma, sino porque tú ves que para ti es altamente riesgosa. En el fondo lo que querrías decir es: "qué actividad tan riesgosa, si fuera yo quien la hiciera". Quien está habituado a llevarla a cabo, y por supuesto, quien incluso la disfruta, no la ve igual que tú. Yo no solo me concentré en ver y repetir los videos de los Wallenda para decir: ¡Guau!, esto es increíble. Lo hice para entender para qué lo hacen y cómo lo pueden hacer. Frente a la primera pregunta, ¿para qué?, vi siempre las palabras *reto* y *desafío* inmersas en cualquiera de las caminatas y declaraciones que hacía Nik Wallenda; vi el orgullo de seguir representando una larga tradición familiar que, si se me permite, pudiera homologarse con tener el honor de ser consecuente con una historia por la que viven; también quieren provocar emociones. En el evento de Chicago ya descrito, me sorprendía ver a Nik Wallenda disfrutar con los miles de testigos de su hazaña. Un público a quien inspirar. El cómo lo hace lo describe él mismo: preparación mental, práctica, confianza en Dios, ver tierra firme al otro lado (lo que no pudo hacer cruzando las Cataratas del Niágara, lo cual hizo aún más épica su gesta) y saber que todo va a salir bien. ¡Qué elementos tan valiosos los que encontramos en ese *cómo lo hace* para nuestras propias vidas!

**Muchas veces, antes de emprender la batalla, ya muchas personas la han perdido en su cabeza, los que se dicen a sí mismos que eso no va a funcionar y los que son incapaces de visualizar el resultado, tal y como ellos lo quieren ver.**

En cierta ocasión se le preguntó a Miguel Ángel, el famoso pintor y escultor italiano, sobre cómo había logrado crear una figura tan perfecta como el David, la famosa obra que reposa en Florencia, partiendo de un trozo de mármol tan normal. Él dijo: "ya tenía a David en mi mente, solo me quedaba retirar el mármol". ¿Cuál es tu David? ¿Visualizas desde ya lo que quieres? ¿Te comportas como lo que serás, o te da miedo hacerlo porque te incomoda el qué dirán? Asimismo, ¿qué tanto practicas y te esfuerzas en lo que haces como para llenarte de confianza y obtener ese plus psicológico al ir por tus metas? Más allá de cualquier consideración religiosa, ¿qué tanto invocas a ese ser superior para que te acompañe en tu día a día, y te llene de sabiduría y discernimiento? Si eres creyente, ¿qué tan lleno de Dios estás? ¿Rezas? ¿Le pides lo que quieres? ¿Agradeces? ¿Acumulas méritos para que te derrame más bendiciones y pases incólume por la cuerda, haciendo el símil con los Wallenda?

¿Te has puesto a pensar cómo se las arregla tu pianista preferido para tocar tan bien el piano, o cómo puede tu cantante predilecto cantar tan bien como lo hace, o cómo tu deportista preferido gana sus competencias o campeonatos con una seguridad tan sorprendente? Hay dos respuestas, seguramente entre muchas otras: INMERSIÓN Y REPETICIÓN. Cuando los ves tocar el piano, cantar o correr, no es la primera vez que tocan, cantan o corren. La que ves es la enésima versión, y lo más increíble de todo es que ellos piensan que aún les falta mucho por aprender. Su inmersión absoluta, brutal incluso, los vuelve obsesivos; se olvidan de sí mismos, vencen la fatiga, superan el cansancio, recorren la milla extra. Ese es el precio que paga una leyenda. Los puntos medios no les sirven y eso los llena de confianza. Han caminado por la cuerda N veces; tú ves el canto N+1. Su confianza es solo el resultado de su práctica, de su repetición, de su inmersión. Es más, su rostro antes de salir a un escenario o de iniciar una competencia ya te habla por sí solo: ganarán; y ya sabrás que no triunfan por coincidencia o casualidad. Se visualizaban ganadores; se veían abrazando a su familia en el edificio del frente; pasar por la cuerda, era solo retirar el mármol. Ellos no tienen tiempo para pensar: "¿Y qué pasa si fallo? ¿Será que debo regresarme?". Por su sangre corre convicción, gozo, reto, inmortalidad. Eso compite con su miedo y lo eclipsa.

## Demóstenes: el tartamudo que se convirtió en orador

Analizamos el miedo a hablar en público y brindé propuestas de solución para corregirlo. Seas un orador o no, nunca te sobrarán razones para expresarte y comunicarte cada vez mejor, sobre todo si eres un emprendedor, si te gustan los negocios, si deseas mejorar tu realidad financiera y obtener dinero. En la búsqueda de referentes para superar el miedo a hablar en público, uno de los mejores es, sin duda, Demóstenes; no porque se tratara de alguien no superado en la historia por cualquiera otro enamorado de la palabra y la elocuencia, sino porque es quien resume cómo superar la adversidad para lograr lo que se propone. Demóstenes quería ser un gran orador, pero su punto de partida habría dejado sin deseos de avanzar a la mayoría: era tartamudo. Además trabajaba a la intemperie todo el día, no poseía los conocimientos necesarios para hacerlo y carecía de dinero para pagarles a sus maestros. Algo sí tenía, y de sobra: persistencia y determinación. Las mismas que le valieron para asistir a los discursos de los mejores oradores y filósofos de la época, incluyendo al mismo Platón.

Su primera presentación la preparó con toda la ilusión posible. No obstante, fue un desastre. Se dice incluso que a la tercera frase que pronunció fue interrumpido por personas que lo abuchearon y se rieron de él. El joven Demóstenes se retiró de la sala sin terminar su discurso. Dura prueba para cualquiera; no para él. Lejos de claudicar, las críticas y burlas eran un aliciente para mejorar y buscar su sueño. Usaba la frustración para agrandarse y llegar más lejos; "tengo que trabajar en mi estilo", se decía a sí mismo. Era tal su determinación, que se afeitó la cabeza para evitar la tentación de salir a la calle, y poder así dedicar largas horas, días enteros, a aquello que lo apasionaba. Corría por las playas, gritando con fuerza para ejercitar sus pulmones, se llenaba la boca con piedras y se ponía un cuchillo afilado entre los dientes para forzarse a hablar sin tartamudear; pasaba horas frente a un espejo para mejorar su lenguaje corporal. Y así lo hizo por meses y años. El lector quizá recuerde una muy interesante película llamada *El discurso del rey*, en la que Colin Firth, interpretando a Jorge VI, hace gala de su perseverancia y de las técnicas de Demóstenes para mejorar su mensaje.

Reapareciendo ante la asamblea, y defendiendo a un fabricante de lámparas a quien sus hijos querían arrebatarle su patrimonio, Demóstenes da la más impresionante muestra de seguridad, elocuencia y sabiduría de la que se tuviera registro. Las ovaciones y demostraciones de admiración se dieron hasta el cansancio. Lo imposible lo volvió posible. En el camino hacia Demóstenes me topé con Marco Tulio Cicerón, Martin Luther King, John Fitzgerald

Kennedy, Adolf Hitler, en el plano internacional; Jorge Eliécer Gaitán y Luis Carlos Galán, en Colombia. Sin excepción, todos ellos comparten una condición: la pasión que alimentaba su mensaje; la fuerza que lo llenaba de brillo. Demóstenes fue uno de los precursores, pero ante todo el que volvió su sueño en algo más grande que su miedo y su limitación.

## Harry Houdini: el valor de promocionarse a sí mismo

No pretendo que hagas lo que hizo Houdini, ni relatarte su biografía cuando la puedes ver en YouTube. Pretendo extraer conclusiones útiles para tu vida, a partir de lo que fue la de él: alquien que desafiaba el miedo, alguien que convirtió sus temores en motivación para progresar.

Houdini fue un inmigrante húngaro que salió de la pobreza, superó los malos tiempos y se convirtió en un suceso cultural nunca antes visto a finales del siglo XIX y comienzos del siglo XX. Tenía una gran personalidad y constantemente desafiaba a la muerte y a su público. Se escapaba desnudo de cárceles en Estados Unidos para hacer más llamativo su arte y probar así que no guardaba nada entre su ropa para liberase de las cadenas que le ataban a su cuerpo. Era un auténtico ilusionista.

Su mayor atractivo era hacer lo imposible. Electrizaba al público; decían que ante una presentación de Houdini, no se podía oír el ruido de una mosca. Verlo escaparse de cualquier cosa producía una gran sensación de libertad en una época en que las personas necesitaban experimentar eso, libertad. A los catorce años leyó todos los libros de magia que caían en sus manos. Una de las cosas que más me llamaron la atención de este personaje, que a propósito traigo a este libro, fue su obsesión por los detalles, por el estudio, por la preparación rigurosa de sus actos, para que todo saliera bien. He allí un antídoto práctico contra el miedo, develado ya: la confianza que producen la repetición y la inmersión; estar concentrados en lo que hacemos hasta no dejar cabos sueltos; nada al azar.

Cuando era un niño, perdió en una presentación algunos de sus dientes, lo que lo obligó a usar una prótesis; en ella tenía un compartimento secreto del que se valía, según expertos, para guardar llaves y ganzúas que necesitaba para liberarse. Era el maestro de la recursividad. Ser capaz de visualizar el interior de las cerraduras y saber cómo eran por dentro lo obsesionaba. Él las conocía y así podía escapar.

Conforme crecía su reputación, crecía su audacia. Más éxito le producía menos miedo y más temeridad. Había en él una gran confianza en sí mismo; una sensación de estar predestinado a ser leyenda. Era un experto en la autopromoción, en venderse como un producto exitoso y en la sugestión; además de tener una alta dosis de teatralidad. "Todo espectáculo que atraiga y capte la imaginación de los espectadores, les dice algo sobre ellos mismos. Es decir, sostienen un espejo gigante y los reflejan", dirían sus biógrafos sobre sus presentaciones. Recuerda que en *Hábitos de ricos* hablé de la necesidad de que promociones lo que haces y de que tú mismo te promuevas como el mejor producto disponible en lo que quiera que hagas.

Houdini se inspiró en su mayor miedo para crear uno de sus mejores actos: el famoso bidón de leche, dentro del cual se sumergía por minutos para luego aparecer fuera de él. Al verlo, cuesta obviar la frase que lo resumiría: "el placer del arte es ser capaz de estar en las fauces de la muerte, sin ningún riesgo". Amaba el peligro; lo disfrutaba y, gracias a ello, lo buscaba cada vez más por medio de retos mayores. Su máxima era: "¿qué más podemos hacer para superar nuestro último número?". Su espíritu ávido por nuevos logros lo llevó a cautivar por varias décadas a un público que lo veneró; Houdini burló la muerte cada noche. Y al hacerlo, dejó un mensaje para siempre: "El cuidado de los detalles, el arrojo, la capacidad para reinventarse y el renunciar a un bajo perfil –que despreciaba por cierto– terminarán haciéndote inmortal".

Como nota anecdótica, Houdini no podría morir en una fecha distinta: 31 de octubre, día de Halloween, de 1926.

## Coco Chanel: irreverencia y rebeldía para imponer un estilo

"Un acto que requiere de gran coraje es pensar por ti misma en voz alta", solía repetir Coco Chanel, una leyenda de la moda, cuya rebeldía, irreverencia y vanguardismo me obligan, con gusto, a traerla a mi libro. Decenas de videos sobre ella me permitieron tener los elementos suficientes para escoger lo que necesito al hablar de miedos. Pero antes, no puedo dejar de pensar en el destino, ese que tantas veces he dicho que solo resulta de nuestros actos. Con ella tengo la sensación, una vez más, de que una mano invisible nos lleva adonde quiere que vayamos. Una mujer de extracción humilde, con un agente viajero por padre, huérfana de madre cuando apenas era una niña, abandonada en su adolescencia en un orfanato, y luego, de adulta, como cantante frustrada en los cabarets de Francia, no presagiaba a la mujer que se convirtió en una leyenda de la moda. Reconozco que estas historias me fascinan. Ella tenía todos los ingredientes para la receta perfecta de la cual sale un "don nadie", "una don nadie" en este caso, si se me admite el término. Todo en ella vislumbraba fracaso y pobreza. ¿Y qué hizo? Todo lo contrario: aprovechó, se apalancó, en la pasión de una tía por los sombreros y comenzó a diseñar sus propios modelos; luego, tras cierta ocasión en la que montó a caballo, siente cuán incómodo resulta para las mujeres hacerlo con falda, se inspira y crea el pantalón femenino; una mujer que se financia con los hombres que la acompañan y la cortejan para abrir su primera tienda en 1910 en la que comienza a imponer su estilo; una mujer que tiene el talento y la visión para codearse con lo más selecto de la sociedad de su época, desafiando las probabilidades de éxito que cualquier mortal le hubiese adjudicado de manera previa.

No hablaré de moda; no me compete ni lo creo pertinente. Destacaré la actitud; alabaré la forma en la que una mujer es capaz de desafiar lo convencional; hablaré de cómo circunstancias difíciles, como las que le correspondieron vivir tras la muerte de su madre, esculpen un carácter y catapultan a quien lo posee. Yo, un amante de las frases, caigo en la tentación de citar una más de ella: "los tiempos difíciles despiertan un deseo instintivo de autenticidad". Se afirma que durante el tiempo en el que estuvo en el orfanato desarrolló el sentido de la austeridad y su preferencia por el blanco y el negro; allí, donde aprendió a coser, fue dejada por su padre a los doce años. Su estilo proclamaba la libertad e igualdad de género en la primera mitad del siglo XX. Algo que iba en contra del *statu quo*.

Que esa filosofía, que ese estilo, que esa manera de ver la vida sigan teniendo vigencia después de 130 años de su nacimiento, no dejan espacio sino para el asombro y la admiración.

## Viktor Frankl: una vida con sentido

Tres personas marcaron mi crecimiento espiritual y toda la teoría alrededor del para qué o propósito de vida: Wayne Dyer, Robin Sharma y Victor Frankl. Las primeras ideas de Frankl, quien más influyó, las leí del libro *El hombre en busca de sentido*. No pasó mucho tiempo para que con entusiasmo me volcara a la logoterapia, escuela psicoterapéutica desarrollada por él.

A 30 grados bajo cero, sin calefacción y literalmente en los huesos, Victor Frankl pronunció uno de los discursos más inspiradores y memorables de la historia; una verdadera oda al poder de la voluntad y al sentido que debe dársele a la vida. Lo hizo en pleno campo de concentración nazi, en la noche de Navidad de 1944, y ante 38 personas condenadas al exterminio:

*"Un hombre consciente de su responsabilidad ante otro ser humano jamás tirará su vida por la borda. Si conoces el porqué de tu existencia, serás capaz de soportar cualquier cómo. Es evidente que tenemos pocas posibilidades de sobrevivir, pero ningún poder de la tierra podrá arrancarnos lo que ya hemos vivido. Les ruego que encaren con gallardía la gravedad de nuestra situación. No podemos refugiarnos en el pasado para apaciguar los horrores del presente. Piénsenlo: estamos ante un desafío; el desafío de sobrevivir. Podemos hacer una de estas dos cosas: convertir esta experiencia en una victoria o limitarnos a vegetar, dejando de*

ser personas. *Incluso aquí debemos subsistir al cobijo de la esperanza en el futuro. No importa que no esperemos nada de la vida; lo que verdaderamente importa es lo que la vida espera de nosotros. No hay que avergonzarnos de nuestras lágrimas, porque demuestran nuestro valor para encararnos con el sufrimiento. Olvídense del placer; olvídense de la venganza; olvídense de la cobardía. Lo único que debemos tener presente es nuestra voluntad de sobrevivir. La voluntad es una cuestión de hecho, no una cuestión de fe. Porque nosotros no inventamos el sentido de nuestras vidas, sino que lo descubrimos. A cada uno de nosotros nos está reservado un cometido qué cumplir, y todos respondemos con nuestra propia vida ante esa obligación".*

Desconozco si en mi vida pueda llegar a leer algo más inspirador que ese discurso. Sus palabras iluminan nuestro camino y se constituyen en la llama que hace desaparecer el frío. Son palabras para tatuarlas en nuestra alma, y con hierro caliente en nuestro cuerpo; imborrables. Ante cualquier tentación de debilidad o queja, que como humanos podemos tener, surge la magia de ese discurso para no desfallecer, para recordar que nada es más importante que el poder de la voluntad, que nada es más fuerte que un propósito de vida, que nada es más determinante que resistir.

Frankl fue un médico austriaco especializado en neurología y psiquiatría, quien vivió entre 1905 y 1997. Consideraba al dolor como un elemento intrínseco de la naturaleza humana y, al mismo tiempo, como una oportunidad de desarrollo, aprendizaje y sentido. En 1942, y en medio de la Segunda Guerra Mundial, es deportado a los campos de concentración nazi, en los que vería morir a sus padres, hermano, cuñada y esposa, con quien tan solo llevaba nueve meses de casado. Un nuevo sentido de vida, relataría más tarde, surgió en ese momento: ¡sobrevivir! Se prometió a sí mismo no quitarse la vida, como a la postre lo harían muchos de sus compañeros. Lo más impactante, desde la óptica de quien esto escribe, además de su capacidad para resistir, fue saber que Viktor Frankl también tuvo un objetivo claro en ese momento: aprender de lo que le estaba pasando para ponerlo al servicio de la humanidad. Un nuevo, fresco, mágico y épico sentido de la vida. Ese mismo sentido quedó ratificado con una vivencia que no muchos conocen: al terminar la guerra, en abril de 1945, la camioneta del cuerpo de rescate suizo a la que debía subir cerró las puertas, sin que él pudiera hacerlo; debió esperar varias horas a que un nuevo transporte llegara a recogerlos. Cuando finalmente este llegó, se enteró de que la camioneta a la que no alcanzó a subir era un engaño con el que se pretendía llevar a más judíos a la muerte.

Más adelante, Frankl diría en su famoso libro una de las cosas más impactantes que, a propósito del tema que nos ocupa, debemos rescatar: "incluso en las condiciones más extremas de sufrimiento es posible encontrar una razón para vivir", premisa con la que desarrolla su logoterapia. Para él mientras hubiera vida y voluntad, habría esperanza: "no hay nada en el mundo que capacite tanto a una persona para sobreponerse a las dificultades externas y a las limitaciones internas, como la consciencia de tener una tarea en la vida"; "la verdadera fuente de la vida se encuentra en tu propio destino; si crees que este no es el que tú te mereces, no le des más vueltas, porque tu destino está escrito", afirmaba.

Algo muy curioso ocurrió con *El hombre en busca de sentido*. El libro apareció por primera vez en 1946 con el título, *Un psicólogo en un campo de concentración*. Salieron unos pocos ejemplares que se vendieron rápidamente. Una segunda edición, más numerosa, fue publicada, pero pasó prácticamente inadvertida y la mayoría de los ejemplares fueron ofrecidos como saldos o destruidos. Sorprendido por el comportamiento dispar de las dos ediciones, Frankl consultó a su editor, quien por cierto lo estimuló con una anécdota fascinante: De *La interpretación de los sueños*, de Sigmund Freud, una de las obras cumbre del psicoanálisis, se vendieron tan solo novecientos ejemplares en diez años, entre 1900 y 1910. Tiempo después, se convirtió en una obra universal. Con esa información disponible, al libro de Frankl decidió dársele un nuevo aire, esta vez traducido al inglés luego de la primera edición alemana. El libro se rebautizó: *Desde el campo de la muerte al existencialismo*. Tampoco tuvo éxito. Solo unos cientos ejemplares se vendieron entre 1955 y 1959. Nada parecía funcionar. La Beacon Press lo tildó de "libro enfermo", lo que quería decir que era un libro con pocos lectores. La historia, por supuesto, no pararía allí. Como si el componente épico fuera imposible de ignorar en una vida como la de Viktor Frankl, y premiando a quien con creces lo merecía, el universo hizo de las suyas para darle un nuevo rumbo a la publicación. En 1961 se le sugirió a Frankl que para una nueva edición le añadiera al texto original una breve exposición de los conceptos básicos de la logoterapia, y que se le cambiara el nombre, una vez más. *El hombre en busca de sentido* fue el escogido. El libro encontró lectores ávidos por leer la publicación y las ventas fueron paulatinamente arrolladoras, aunque su mayor éxito tardó en llegar un par de años más. El libro se convirtió en un éxito mundial, con millones de ejemplares vendidos, traducido a cerca de treinta idiomas y considerado como uno de los diez libros más influyentes del siglo XX. "La paradójica relatividad del éxito", como bien se describiera en el libro mismo, sería la mejor frase para resumir esta historia. De "libro enfermo" a leyenda y *long-seller*.

Superada esta curiosa anécdota, Frankl resaltaba algo que hemos citado a lo largo de estas páginas y es la importancia de asumir responsabilidades y no endosar las culpas a los demás. A propósito del tema, decía: "*exígete mucho a ti mismo y espera poco de los demás. Así te ahorrarás disgustos. Pocos juegan con lo que tienen y envidian lo que imaginan*".

Una vez consultado por los miedos que más le agobiaban volvió a derramar la magia en la palabra, afirmando: "Solo le temo a no ser digno de mis sufrimientos". Poco más que añadir.

## Mary Kay Ash: el arte de vender

Mary Kay fue la fundadora de un imperio de cosméticos que tuvo por lema hacer sentir importante a la gente; de hecho, le dedicaba toda la atención a una persona cuando estaba con ella y le transmitía todo su entusiasmo. Amaba las ventas; vendía belleza, reconocimiento, autoestima, no vendía "productos". Siempre hablaba de la importancia de estar en un ambiente festivo, reunida con las amigas por ejemplo, para vender mejor. Desde los siete años cuidó de su padre, quien enfermó de tuberculosis, mientras su madre trabajaba por largas horas, fuera de casa, gerenciando un restaurante. "Sé que puedes hacerlo", fue una frase que su madre le repitió muchas veces en la vida, y que la motivó para superar obstáculos. Mary Kay se graduó en medio de la Gran Depresión de los años veinte y no pudo costear sus estudios. Luego de diez años de matrimonio, su esposo regresó de la Segunda Guerra Mundial y le pidió el divorcio. El escenario no podría ser más difícil: una mujer sin preparación, abandonada y a cargo de tres niños. Siempre hay algo épico en las historias fascinantes de transformación. Ese desafío que le imponía la vida, Mary Kay lo convirtió en oportunidad. Empezó vendiendo libros sobre psicología infantil; descubrió que era una vendedora innata, pero vio algo: vender un libro era el final de una venta. Quería algo más: vender algo que le implicara al comprador tener que volverlo a comprar. "Finge hasta lograrlo", solía decir; "si tuviste un mal día, demuestra lo contrario; si tus clientes no te sonríen; sonríeles tú". Algo que para muchos podría ser un problema, servía de inspiración para ella.

A medida que iba ascendiendo como vendedora, y en distintas compañías para las que trabajó, notó que a los hombres que capacitaba se les daba un mayor reconocimiento y se les premiaba con mejores incentivos. Cuando una oportunidad emergió, el puesto no fue para ella, sino para su asistente, masculino por cierto. "Hasta aquí llegué; no aguanto más"; "busqué la manera de reivindicar a la mujer y brindarle una oportunidad, esa misma que no me dieron", dijo. Las dificultades la persiguieron (y esculpieron): un mes antes de lanzar su propia compañía de cosméticos, su segundo esposo, socio, y amor de su vida, sufrió un infarto fulminante. Ella siguió avanzando pese a la tristeza: en 1976 llegó a la bolsa de Nueva York. Era glamorosa y folclórica; generosa con fundaciones benéficas. Dios, familia y trabajo, en ese orden, fueron siempre sus prioridades; e integralidad a carta cabal, por supuesto.

Ofrecerles a las mujeres oportunidades ilimitadas para que vendieran sus productos y se sintieran dueñas de su destino fue la clave de su éxito y una referencia obligada para futuros emprendimientos. Todo un ejemplo de tenacidad y superación de dificultades.

## Hugh Hefner: transgresor y emprendedor

El fundador de *Playboy* es mucho más que un emprendedor que editó una revista; y más allá de que el tema te interese o no, te parezca ético o no, lo que hay detrás de esa idea, lo que enfrentó, y lo que sacó adelante, sí que nos debe interesar. Lo primero que supuse, erróneamente, fue que el señor Hefner provendría de una familia de libertinos. Nada que ver; sus padres fueron bastante conservadores y la época en la que floreció su creación, *Playboy*, fue una de las de mayor énfasis en la virtud, la familia, los valores morales y la monogamia. Terminaba la Segunda Guerra Mundial; en Estados Unidos el consumismo aumentaba y la mujer que cuidara de su esposo, sus hijos y limpiara la casa era el modelo a seguir. Hugh Hefner no pensaba lo mismo y deseaba vivir otra vida. La primera edición del 10 de diciembre de 1953, con Marylin Monroe en la portada, y antes de que ella hubiese sido exitosa, generó una gran polémica y un rotundo éxito en ventas. En dicha edición, Hefner escribió sobre una nueva moral y una revolución sexual en Norteamérica: desnudar el cuerpo de la mujer y los prejuicios. Vinieron los casinos, clubes nocturnos y hoteles. El nacimiento de un imperio.

Si tú creas una revista para adultos cuando hay muchas más publicaciones similares, no hay gran mérito; no hay miedo, es más de lo mismo. Cuando lo haces a los 27 años, con 8 000 dólares en el bolsillo, siendo padre y esposo, y en medio de prohibiciones y puritanismo, es novedoso y llamativo. Muchas personas necesitaban variedad, algo diferente, un aire fresco en su momento, y Hugh Hefner lo proveyó. ¿Te suena? Satisfacer necesidades, una de las claves del éxito de un emprendedor. *Playboy* puso el sexo a la vista de todos y envió un mensaje: el sexo es saludable y normal; forma parte de tu vida y no tiene nada de malo. Se pagó un precio por ello; hubo censura, incluso del servicio postal, quien en un principio se negó a distribuir la revista. Hefner demandó y triunfó. Luego vinieron los movimientos feministas, que consideraban a la revista como un espacio de degradación para la mujer; Hefner aguantó, y no solo eso: se volvió más osado y aumentó su tiraje. Hago un alto en este punto para hacer hincapié en algo: los miedosos reculan, se echan para atrás; los valientes avanzan ante la crítica y se crecen ante la adversidad. Es tal la fortaleza de sus convicciones, que parecieran necesitar de la crítica y la oposición para brillar y volverse resistentes; así como requiere el surfista de grandes olas para demostrar su destreza. Ni las imitaciones, ni los enemigos poderosos que surgieron tras su éxito, ni diatriba alguna que se profiriera en su contra hizo retroceder a Hefner. Es más, su irreverencia llegó a tal grado que su primera oficina la instaló al frente de la principal iglesia católica de Chicago; su programa de televisión, inaugurado a finales de los años cincuenta, y que se transmitía desde su departamento, tuvo por invitados a personas negras (Ella

Fitzgerald, entre otras), en una época de clara segregación racial en Estados Unidos; y como si lo anterior fuera poco, ayudó a salir de prisión a un *disc jockey* de Virginia al que habían condenado por recibir sexo oral. Ninguna crítica lo hizo retroceder, no le importó; siguió desafiando lo establecido. Una provocación para muchos; un mensaje para los restantes. Como el mismo Hefner lo afirmó: "algo de lo que *Playboy* se siente orgullosa es de que los intolerantes y los racistas quedaran como tontos".

Celebro, y lo digo sin miedo, que existan personas como Hugh Hefner; valientes, temerarias, que se reinventan, que exportan actitudes, que viven la vida como la han querido vivir, y más allá de lo que nuestra miopía o moralidad o tabús se atrevan a juzgar. El secreto es respetar sin juzgar. La vida sería muy aburrida si todos fuéramos iguales o hiciéramos lo mismo. "Vive tu vida a tu modo, siempre y cuando no perjudiques a nadie, y sé sincero al respecto", diría Hefner.

## Chris Gardner: el poder de la voluntad

"Jamás permitas que te digan que no puedes hacer algo; ni siquiera yo; si tienes un sueño, tienes que perseguirlo. Si tienes un sueño, realízalo. Punto. "¿Te suena esto?". Quizá sí. Son las palabras que Chris Gardner, interpretado por Will Smith, le dijo a su pequeño hijo en la mágica y ya legendaria película *En busca de la felicidad*. Una de las frases más célebres e inmortales de las que se haya tenido registro en el cine, y ahora también en las redes y en YouTube.

Confieso que no supe del señor Gardner hasta que vi la película. Luego de verla me enteré que había sido inspirada en su vida. Un hombre negro, con poco éxito como vendedor ambulante de equipos médicos y quien llegó a dormir con su hijo en baños públicos, debido a su precaria condición económica y a la espera de auxilios estatales. A Chris lo abandonó su mujer, obligándolo a vivir el papel de padre soltero. Confieso que lloro con frecuencia viendo películas, aunque quizá no lo creas, y me atrevo a decir que mi récord de lágrimas derramadas se produjo en las dos horas que aproximadamente dura la cinta. Conseguir un puesto como corredor de bolsa, tras largos días de estudio, innumerables sacrificios y con una voluntad de hierro, es una historia conocida; que Chris Gardner se volviera millonario con el tiempo, teniendo su propia firma de bolsa, también lo es. Me mueve otro interés: cómo soportar lo que soportó; cómo vencer la adversidad, para luego llegar adonde llegó. Esa es mi intención al destacarlo. Las frases más importantes que le oí en los distintos videos que analicé, resumen esa tozudez, esa fuerza, esa voluntad indómita para superar obstáculos y terminar imponiéndose. No necesito conocerlo en persona, aunque la película debe haber influido, para afirmar que estamos hablando de un gran ser humano, al que no le percibí resentimiento alguno en sus palabras, sino más bien un profundo orgullo por los dos hijos que sacó adelante, por la salud que había tenido y por la mística con la que desarrolló su trabajo. "Las mejores inversiones que he hecho en mi vida han sido en la gente: darles una oportunidad, ver cómo crecen con ella y, luego, que ayuden a más personas", solía decir, y continuaba: "tú tienes que construir tu propia suerte; no esperar a que un ángel guardián aparezca. Para ello, es vital tener un propósito de vida y comprometerte con él. Nada de tener un plan B; el plan B apesta", decía. En ese propósito de vida fue muy exitoso, y cuando se le preguntaba por las razones de ese éxito, afirmaba: "nunca me concentré en el dinero como fin; mi objetivo era darle a mi hijo lo que yo nunca tuve: un padre. También, si algo destaco para darle sentido a la vida es la pasión que hay que tener para despertarse en la mañana y decir: ¡Esto lo haré hoy! Cuando haces algo que te apasiona, nunca terminas; tu trabajo no estará concluido".

Hay dos cosas que también me llamaron la atención sobre Chris Gardner y que he destacado de tiempo atrás, cada vez que tengo la oportunidad de hacerlo: su vocación por responsabilizarse por los resultados, sin endosar culpas a terceros, y su posición frente al miedo a tener éxito, que caracteriza a la mayoría de las personas que no triunfan. Decía: "el miedo al éxito es el que hace que muchas personas no consigan lo que quieren", y también: "tú tienes el poder y la responsabilidad de lograr todo lo que quieres en tu vida".

Una mentalidad como la de Chris Gardner nos debe inspirar por generaciones. Su determinación, valentía y voluntad son únicas. Las mismas virtudes que edifican un futuro y sirven de ejemplo para quienes empiezan. Y por favor: si no la has visto, no dejes de ver *En busca de la felicidad*.

## Jack Ma: vencer el miedo al rechazo

Jack Ma posiblemente sea recordado por ser el fundador de Alibaba, una importante compañía de comercio electrónico, o por ser uno de los hombres más ricos de su país, China. Para mí, lo será por haber sido un maestro en el arte de vencer el miedo al rechazo, otro de los grandes miedos de las personas. Al igual que con nuestros anteriores personajes, aquí no vamos a describir la vida del señor Ma; lo que me interesa es saber cómo superó el miedo a ser rechazado y convertirse en un hombre de éxito, y más allá de lo que puede depararle el futuro.

Desde joven estuvo expuesto al rechazo; intentó ingresar a tres universidades en China y no fue admitido; repitió varios años en la primaria por haberlos perdido; se postuló a más de treinta ofertas de empleo sin éxito. Cuando la cadena de restaurantes Kentucky Fried Chicken (KFC) llegó a su ciudad, en China, de las veinticuatro personas que enviaron sus hojas de vida para trabajar allí, solo una no obtuvo el puesto: él. Para colmo de males, diría alguien, intentó ingresar en diez ocasiones a la Universidad de Harvard, en Boston, y no tuvo éxito. Ese historial de rechazos, que para la mayoría serían motivo de depresión o tristeza, lo fortalecieron y lo invitaron a cuestionarse sobre muchas de las cosas que hacía; a cambiar unas por otras y aclarar adónde quería llegar.

Cuando creó su empresa, Alibaba, no obtuvo dólar alguno de ganancia durante los primeros 3 años. Eso nunca lo desanimó; por el contrario, y como él lo reconoce, "ayudarle a la gente y seguir haciendo lo que disfrutaba fueron las razones que más me impulsaron". En 1999 contaba con 19 empleados; a mediados de la segunda década del nuevo siglo, ya superaba los 30 000, con más de 100 millones de compradores diarios usando sus plataformas y cerca de 10 millones de empresas pequeñas participando. "Antes, los bancos no me prestaban el dinero cuando yo lo necesitaba, me rechazaban; ahora que ya no lo necesito, son los que más me buscan", afirmaba. A comienzos de 2001, buscó 5 millones de dólares con los inversionistas y no los obtuvo; en septiembre de 2014, en una operación conocida en las bolsas de valores como una oferta pública inicial de acciones, logró recolectar más de 25 mil millones de dólares.

"Si no lo haces, nunca será posible; si lo intentas, al menos habrá esperanza", dice Jack Ma. De hecho, este hombre tiene en el primer lugar de su *top ten* de recetas para lograr el éxito no tenerle miedo al fracaso. "Facilitarle la vida a los pequeños empresarios chinos fue siempre más fuerte que mis miedos", y continúa, "al principio quería cambiar el mundo; hoy me doy cuenta de que primero tenemos que cambiar nosotros mismos". No sé cuánto valga Alibaba en la bolsa cuando leas esto; o si Jack Ma viva aún, o siga siendo tan exitoso. Lo que me importa resaltar es lo siguiente: hay un patrón que tiende a repetirse, quienes están por fracasar están llenos de excusas para no ser exitosos, quienes están llamados a triunfar están llenos de excusas para no fracasar. Esto último queda personificado en Jack Ma. Él no se echó para atrás con los rechazos; se volvió más fuerte con ellos. Él no renunció a sus sueños; entendió que puede tomar tiempo alcanzarlos, pero perseveró hasta lograrlos.

## Malala Yousafzai: primero los sueños que los miedos

La primera vez que la vi fue en televisión; más tarde, como ganadora del Premio Nobel de Paz en 2014, a la edad de 17 años. Luego, en múltiples videos sobre su increíble vida, en YouTube. El que más me impactó narraba la historia de una niña, junto a su padre, en el valle del río Swat, de su natal Pakistán. Allí, su familia se debatía cada noche entre la vida y la muerte, ante los continuos ataques y bombardeos de los Talibán. Malala es una activista de los derechos civiles de las mujeres y desde muy temprana edad abrazó la esperanza de tener educación de calidad como bastión de progreso. Sus enemigos no pensaban lo mismo; no solo destruían las escuelas y se oponían a la libertad de la mujer y su educación, sino que también atentaron contra ella, el 9 de octubre de 2012, disparándole tres veces en el cuello y la cabeza.

"Después de que me dispararon, y sobreviví, me volví más fuerte. Ya no tengo miedo; tengo una segunda vida. Con el atentado murieron mi debilidad, mi temor y mi falta de esperanza; y nacieron la fortaleza, el poder y el valor. Siempre he pensado que nos movemos entre dos opciones: guardas silencio y esperas a que te maten o hablas y también corres ese mismo riesgo. Yo escogí la segunda opción", afirmó. Ya intuyes por qué la traje a colación en estas páginas. En horas de videos que vi sobre ella, esas frases fueron las que más agitaron mis sentimientos, y por cierto, las que más relación tenían con el propósito de esta publicación. Una niña que se convierte en vocera de millones de mujeres, en un verdadero símbolo; una niña de la que desconocemos cuál será su destino, como es obvio; pero de la que nos inspira su pasado, como también lo es. Su legado estará vigente y su voz no la podrán silenciar las armas, pues ya caló en millones de corazones, incluyendo el mío. "No me importa si en la escuela debo sentarme en el suelo; lo único que quiero es educación. No le tengo miedo a nadie; mi pueblo me necesita y seguiré levantando la voz", decía.

Cuando abrazas una causa mayor que tú, no te da miedo perder la vida buscando que se cumpla. Es que si no la cumples, igual ya estarás muerto. Enamorarse de un propósito de vida es el mejor antídoto posible contra el miedo. Además de entregarte con pasión a lo que haces y disfrutarlo, sientes que tu vida ya no te pertenece. Que será mandato de un ser superior lo que pase con ella, y al volverte más consciente de esa realidad, dejas que tus actos sean guiados, para que solo fluyan, como debe ser.

## Moira Kelly: el amor eclipsa el miedo

Es posible que lo primero que te preguntes sea: "¿Y quién es Moira Kelly, como para que Juan Diego la mencione en su libro? Y más aún si nos dijo que había millones de personas en el mundo que superando miedos lograron sus sueños, y también afirmó que fueron muchos los casos de personas que lo inspiraron, por lo que seguramente recurrió a un filtro necesario".

Empiezo por responder tu inquietud con una corta historia. Soy poco amante de los *shows* televisivos. Sin embargo, los casos extraordinarios que de ellos se desprenden terminan por invadir periódicos, redes sociales y cuanto medio de publicidad exista, por lo que llegan a nosotros.

Recuerdo uno que me llamó muchísimo la atención, y que al citarlo, le rindo un homenaje por su valor y tesón, mientras que disipo el sentimiento de culpa que me invade al no ser ese caso uno de los protagonistas que aquí, y en detalle, reseño: el caso Paul Potts, ese inspirador y tímido vendedor de teléfonos celulares, que apenas dejaba entrever una sonrisa en el escenario, y que con su talento se convirtió en un famoso cantante. Años más tarde, alguien volvería a llamar mi atención: Emmanuel Kelly, un niño que brota de las entrañas de una guerra fratricida en Irak; es adoptado junto con su hermano, y años después se presenta en el famoso concurso Factor X en Australia, para interpretar la mítica canción *Imagine*, de John Lennon. Sobrándoles méritos, no me detengo sin embargo en Emmanuel y su hermano. Mi atención está en Moira Kelly; una valiente, amorosa y púrpura mujer que los adoptó de un orfanato iraquí, luego de ser rescatados por una religiosa que los encontró en una caja. Luego de dos años de trámites para obtener la visa, Moira los llevó a Australia, para someterlos luego a tratamientos médicos y cirugías, pues los dos pequeños tenían serias discapacidades físicas. "Fue demasiado fácil enamorarse de ellos", diría luego Moira en una entrevista.

Ver a Emmanuel cantar es ver al atleta olímpico del que hablábamos antes recibir la medalla. Lo que me interesa de la historia es cómo llegó él allí. Sin duda, una buena parte del mérito lo tiene una mujer, que sin ser la madre biológica es más madre que cualquiera. Cuánta dedicación, cuánto amor, cuánto sacrificio hay en una madre para que su hijo se supere y cumpla sus sueños. El orgullo de Emmanuel y su hermano por Moira, su madre, es el reflejo de lo que ella hizo contra viento y marea. Ella, como muchas otras madres adoptivas, saben que Dios se manifiesta de muchos medios, y que los hijos tienen distintas rutas para llegar; unos lo hacen por la vagina y otros nacen del corazón. El amor es inspiración, y cuando lo hay, ningún miedo lo eclipsa. Siendo papá adoptivo como lo soy, y hablando en nombre también de Alicia, mi esposa, solo agradezco que haya millones de personas como Moira, que entienden que al adoptar no hacen un favor, como muchos piensan, sino más bien que son favorecidas con la mejor de las bendiciones que un ser humano puede recibir en vida: tener un hijo. No podría olvidar y agradecer a la madre biológica de Emmanuel y su hermano, por permitirles vivir la vida que a muchos otros se les ha negado. Si no hubiera sido por esa decisión, otra decisión igualmente valiente, como la que tomó Moira al adoptarlos, no habría inspirado la vida de muchas personas que entienden que no hay nada más fácil que querer a un niño, y al hacerlo, cambiarle la vida mientras que cambia la tuya.

## Rubiel Jaramillo: el vendedor de helados

"¿De quién me hablas, Juan Diego? No lo conozco, para serte sincero". Déjame que te cuente: Rubiel no es famoso; no es millonario, todo lo contrario; no lo ves en YouTube, no forma parte de las redes sociales, ni de las páginas de la farándula y, probablemente, no pase a la historia como alguien célebre; y si lo ves en la calle, me dirías que es la primera vez que te encuentras con él, tal vez ni lo habías visto. Sin embargo, simboliza lo que faltaba en mi lista de inspiradores: un personaje de a pie, común y corriente, de carne y hueso, trabajador y luchador, como millones que luchan a diario en las calles de América Latina y del mundo. Rubiel recorre con su carrito de helados 15 kilómetros a pie, diariamente, 6 días de la semana; lleva haciéndolo por más de 20 años, desde el centro de la ciudad donde abastece su carrito con helados hasta el barrio en el que vivo, en el sur de la misma. Sale temprano de su casa, a las 8 de la mañana, y regresa a ella a las 10 de la noche.

El origen de la historia: un lluvioso día cualquiera, estaba leyendo en mi departamento, y una potente voz a la distancia interrumpió el silencio y la tranquilidad con la que lo hacía: "helados, helados, bajen por favor para comprar helados; de a 3, de a 4, los que quieran, que aquí los espero". Me asomé al balcón y vi acercarse a un hombre de mediana estatura al edificio en el que vivo; con transitar cansino, seguramente por lo empinada que era la calle, y empujando con esfuerzo su pequeño carro de helados. "Qué difícil debe de ser para este hombre vender helados en un día como hoy", fue lo primero que pensé. De inmediato, les pedí a mis hijos que bajaran y le compraran dos helados, uno para cada uno, y que el dinero restante lo dejaran para él. Tras la compra, mis hijos subieron al departamento con su helado, y para sorpresa mía, con 3 helados más. "Niños, les dije que le regalaran el dinero restante al señor, no que se gastaran todo el dinero en helados". Mi hija replicó: "papá, el señor no recibió el dinero que sobraba, pero nos dijo que esos 3 helados te los enviaba de regalo por haberle comprado". No puede ser, exclamé. Durante los siguientes meses seguiría siendo testigo de una historia de tenacidad, una y otra vez. Sin importar el día, la hora o la inclemencia del tiempo, el señor de los helados subía las empinadas calles con su discurso, vendiendo su producto, con la fe del carbonero. El día de hablar con él llegaría. Tan pronto escuché su acostumbrado pregón, llamé al encargado de autorizar la entrada de las personas al edificio, le pedí que lo llamara y le indicara el camino hacia mi departamento, con el carro de helados incluido, por supuesto. "Quiero hablar con usted, de su vida y no se preocupe por la venta del día, que estoy seguro de que de esta casa saldrá feliz", le manifesté. Empecé por preguntarle por sus datos básicos y lo dejé hablar: "Rubiel Jaramillo; 51 años, soltero, hijo único y ya huérfano de padre y madre; con 2 hernias en la columna; tomo medicinas para la presión y el corazón de por vida. Hace más de 20 años vendo helados y vivo en el barrio París, municipio de Bello (al norte de Medellín); quería ser abogado, pero cursé solo hasta cuarto de bachillerato. Debía trabajar. No conocí a mi padre; él abandonó a mi mamá cuando yo tenía un año. Luego supe de él cuando murió en un asalto callejero; yo tenía como 10 años y mi madre trabajaba de ascensorista", me dijo.

Cuando le pregunté por el dinero que ganaba en un día cualquiera, afirmó: "en un día malo la utilidad es 9 mil pesos (3 dólares en su momento); y en un día bueno, unos 30 mil pesos (10 dólares); si me va mal, no desfallezco. Mañana será otro día y Dios me ayudará".

Fascinado con lo que oía, con su tenacidad y sabiduría, le pregunté: "¿A qué le tiene miedo en la vida, Rubiel?". "Le tengo miedo a la ira de Dios y a la vejez; no he analizado de qué viviré cuando me canse de trabajar o no pueda hacerlo más". Y seguí preguntando: "¿Qué hace para que siempre se le vea con tanta energía para trabajar y con esa determinación tan grande?".

**"La necesidad hace que salga todos los días a la calle; si no salgo me muero de hambre y la pereza es un lujo que no me puedo dar".**

Y continué: "¿Qué piensa de los ricos y la riqueza?". "Al que mi Dios le da, que san Pedro lo bendiga. Cero envidia y cero resentimiento; antes, por el contrario, que Dios les aumente sus bienes al ciento por uno". ¡Guau!, exclamé ante este pensamiento generoso y amplio: púrpura en su esencia.

Rubiel hizo la venta de la semana luego de la informal entrevista y yo me sentí feliz de conocer a alguien tan púrpura y extraordinario; alguien que me hizo sentir más humano; alguien que no ha sido tocado por la fama, ni por la fortuna, ni por la suerte; ni mucho menos por las oportunidades que a otros nos han sobrado. Y ante todo, alguien a quien la vida nos pone en frente, no solo para ayudarlo, sino para aprender de él, y para recordar que no somos más que él. Ese es un verdadero teso, crack o verraco, como lo quieras llamar. El gran amo, si lo prefieres. De carne y hueso como cualquiera de nosotros y que, repito, invaden las calles de nuestra América Latina, muchas veces, sin darnos cuenta siquiera de que existen.

# 7

## SUPERA TUS MIEDOS Y OBTÉN TUS RIQUEZAS

———

## Encuentra lo que te motiva

No hay nada más importante en el mundo que una motivación fuerte para progresar. Si no la encuentras con facilidad, te pondré a continuación dos ejemplos específicos: uno cotidiano, del día a día; y otro más trascendental. El cotidiano: estás terminando una ardua semana y el día jueves, de manera súbita, tu jefe programa una reunión de trabajo para el otro día, viernes, a las 5 p.m. "¡No puede ser!", estarás diciendo. "¿Y qué pasó con mi viernes de descanso?". Primera parte de la historia. Una reunión intempestiva que solo la "creatividad" de tu jefe logra concretar para un viernes en la tarde. Pero hay un dato nuevo en la segunda parte de la historia: el día sábado, sí, al otro día, viajas a las 10 de la mañana, con toda tu familia, a ese resort con el que habías soñado durante años y en clase ejecutiva. ¡Vacaciones! ¿Ya estás viendo la reunión del viernes a las 5 p.m. menos grave acaso? Claro, la ves distinta. Pero es la misma reunión, diría alguien, solo que en la primera parte de la historia no existía el ingrediente de las vacaciones y en la segunda parte sí. No es la misma reunión, a decir verdad, y no lo es por la simple razón de que el contexto cambió: primero me hablaron de una reunión a secas, un viernes en la tarde; y luego me hablan de la misma reunión, pero con el incentivo en la mente de tener unas vacaciones que comienzan solo un día después. "Total, no me importa que mi adorado jefe haya recurrido a su inigualable imaginación, a sus ataques de creatividad, para imponerme una reunión cuando el desquite viene luego". Algo aquí empiezas a intuir: siempre ten un incentivo al frente para que puedas disfrutar del camino; un partido de futbol, una salida a cenar con tu novia o con tu esposa, ir al cine con tus hijos, pero siempre ten al frente algo que te guste mucho, para que sin importar lo que debas vivir antes, tu perspectiva de la vida sea favorable.

En las sesiones con los socios VIP, uno de los ejercicios que suelo llevar a cabo, entre varios, para vivir una vida púrpura y estar altamente motivado es el siguiente: les pregunto qué los hace sentir súper Juan (o súper María, David, Manuel, etcétera; imagina tu nombre ahí escrito). Es decir, en qué momentos de la vida te crees invencible, cual Superman o Mujer Maravilla. Muchos me responden que se sienten súper Juan conduciendo una moto por una gran autopista, dirigiéndose a un grupo de personas en una conferencia, cocinando su plato favorito o bailando con una buena pareja. De inmediato, la expresión de las personas cambia y ahora parecieran tener mucha más energía y vitalidad. Sonríen, y es como si un ser diferente estuviera frente a mí. Cuando terminan, les digo: "Eso que te hace sentir tan bien, eso que te hace sentir como súper Juan, síguelo haciendo muchas más veces por el resto de tu vida.

**Solo cuando haces más veces aquello que te apasiona, te vuelves una persona púrpura, extraordinaria.**

Si solo te sientes súper Juan cinco minutos al día, y no casi todo el día o todo el día, te puedo asegurar que no eres muy feliz, y que de paso tus ingresos no son altos. ¿Quieres apostar conmigo? No lo hagas en esta ocasión.

## Dedícate a lo que haces mejor

En esas sesiones, en las que, por cierto, me siento súper Juan Diego, les digo también lo siguiente: ¿sabes por qué la mayoría de la gente es pobre, incluso al final de sus días, habiéndolo tenido todo para ser rica? Me dicen cosas como: "posiblemente porque no nacieron en cuna de plata o porque no tuvieron muchas oportunidades o quizá porque la suerte no los acompañó o porque el gobierno de su país era de extrema izquierda y por ende poco inclinado a la generación de riqueza". "Ninguna de las anteriores", les digo. Para mí la principal razón para que una persona no sea rica al final de sus días es que durante toda su vida o buena parte de ella se dedicó a hacer cosas que no la hacían sentir súper Juan, o súper María, en el día a día; se limitó a cumplir con tareas que le permitieron sobrevivir y esperar a que llegara el día de pago, la quincena, como lo llamamos en algunos países. No te extrañes entonces si te encuentras en un consultorio con una ayudante de odontología que lleva allí veinte años y tiene por pasatiempo la pintura, o con un mensajero que tiene por fortaleza la cocina o con un empleado bancario que sueña con ser arquitecto. Pero ¿por qué están ahí, si tienen una pasión muy diferente a su labor diaria?, te preguntarías. Sería normal que te respondieran: "Juan Diego, este trabajo me permite pagar algunas deudas que tengo, inicialmente lo vi como algo temporal, pero aquí me quedé y me da miedo cambiar y renunciar a mi estabilidad". En resumen, morirán como carbón, no como diamantes.

> **Nunca serás tú mientras no te dediques a hacer lo que haces mejor. Tú no te cansas por trabajar mucho; te cansas cuando no disfrutas lo que haces. No hay nada que produzca más fatiga que una vida rutinaria. ¿Te suena?**

El segundo ejemplo para estar motivado, y más trascendental que la historia de la reunión del viernes a las 5, es este: convierte tu vida en una causa, en algo importante, en algo que, cuando lo hagas, *inspire a millones de personas incluso a superarte*, y la magia se atravesará en el camino, y te declararás invencible y libre de miedos. "¿Cómo es eso, Juan Diego?". Te lo voy a explicar.

> **¿Sabes qué estoy dispuesto a dar a cambio para poder seguir disfrutando de los testimonios de las miles de vidas que impacto? La vida misma.**

Quiero ver millones, no solo miles, de esos testimonios como los que veo a diario en las redes sociales y en YouTube. Mensajes en los que me dicen: "tú me cambiaste la vida; tú le diste esperanza a mi existencia; tú cambiaste las finanzas de mi familia; tú me ayudaste a superar una de-

SUPERA TUS MIEDOS Y OBTÉN TUS RIQUEZAS      221

presión con los videos que has puesto o evitaste que yo me suicidara". Testimonios como esos no los cambio por nada del mundo. Quiero seguir teniéndolos y estoy dispuesto a dejar mi piel en el ruedo, con tal de obtenerlos. Con base en ello, ¿qué importará el miedo a hablar públicamente sobre temas de dinero, prosperidad o riquezas, si la motivación por desarrollar mi propósito de vida es tan fuerte? Una gota de agua, el miedo, no apaga una llama tan fuerte, mi para qué o misión. ¿Cuál es la tuya? Más vale que la encuentres rápido. En mi libro *Hábitos de ricos*, te ayudo. Recuerda: seguirás sintiendo miedos; lo importante es que tus motivaciones, tus ganas por hacer algo importante y trascender, el ejemplo que hoy o mañana querrás ser para tus hijos, sean tan grandes que el miedo ni cuente, ni importe.

## Disfruta el miedo

Todavía está fresco en mi mente el momento en que como profesor universitario hice mi primera inversión por Internet en el año 2000. Tenía una computadora barata y de baja velocidad y no ganaba más de mil dólares al mes de salario. Sin embargo, mi determinación, el fuego interno, por ayudarle a las personas a invertir y aprovechar su computadora, eclipsó cualquier debilidad. No me preguntes, que no me acuerdo, si sentí o no miedo antes de realizar mi primera transacción por medio de esa computadora. Lo que sí recuerdo es lo que sentí luego de hacerla, en un momento en el que pocos lo hacían desde cualquier país de Latinoamérica: *felicidad*. Y a eso vinimos al mundo, a ser felices haciendo lo que nos gusta hacer.

**Apaláncate con el miedo, disfruta el miedo, cualquier miedo que llegue a tu vida. Así como suena. Míralo con placer; con el placer de superarlo; con el placer de vencer esa voz limitante que tú puedes controlar. No vences un miedo solo por vencerlo. Vences un miedo para demostrar quién está al mando, si tu voz limitante o tú.**

Todavía recuerdo una invitación a cenar que le extendí a una persona de mi familia con la que por mucho tiempo dejé de hablar; antes de hacerlo, mi ego se pronunció (¿o sería "Matilde"?): "no la llames, que llame ella; o ¿qué pasa si la llamas y no acepta?". Por fortuna, el ser esencial, lo mejor de nosotros, salió y respondió: "llámala, hay dos resultados posibles: si acepta, bien, habrás recuperado a una persona con la que te unen más cosas que las que te separan; si dice no, habrá sido ella, y no tú, quien rechazó la oportunidad".

**Nada que perder entonces. Para vencer tus miedos mayores, empieza practicando a diario cómo vencer tus miedos menores.**

El caso que acabo de citar es un ejemplo. Llama, saluda, recupera a esas personas que por cosas de la vida perdiste. Si por tu cabeza está pasando algo así como "¿y por qué habría de llamarla o de saludarla yo si ella (o él) fue quien me dejó de llamar o saludar?". No pienses quién es el culpable. ¡Véncete! Si fuiste tú quien ofendió y llamas, será algo muy fácil; pero si fuiste tú el ofendido, y tienes la grandeza de dar el primer paso, te vaticino algo: seguirás sumando actos como esos y nos encontraremos en el Olimpo. ¿Sabes por qué? Porque pocos lo hacen, solo las personas púrpuras o extraordinarias, las mismas que finalmente dicen que no hay nada más grande que la humildad, y por supuesto, nada más grande que vencerse a sí mismas. Es más, si me presionas un poco te diré algo adicional en este punto: a ti no te ofenden, te enseñan; a ti no te hieren, te hacen más fuerte y resistente.

**Piensa que las personas que producen en ti las reacciones que menos deseas son maestros disfrazados que te envía la vida para que progreses.**

Esto incluye por supuesto al que se te pone adelante en una carretera, y no te deja pasar debido a su lentitud. Cuando por fin lo rebases, dale las gracias por la ventanilla de tu vehículo y dile: "¡Me ayudaste a desarrollar mi paciencia, y sin cobrarme un solo dólar, te lo agradezco!". ¿Recuerdas que esto lo habíamos comentado ya? Si no alcanzas a decirlo, al menos piénsalo. Es mejor eso a hacer lo que la mayoría haría: mirarlo feo, recordarle a su madre, pitarle o provocar un ataque cardiaco. Haz todos los días algo que te incomode; haz todos los días algo que te dé miedo. Siente el placer de vencerlo.

## Reconoce tus fortalezas

Otra sugerencia frente al miedo: no le temas a reconocer tus fortalezas. Tus fortalezas son el combustible de tu propósito de vida. Son las que marcarán las diferencias en tu vida, y las que más riquezas te proveerán. Me llama mucho la atención en las sesiones con socios VIP, y luego de preguntar por las fortalezas que cada uno cree que tiene, ver la dificultad o el poco nivel de reconocimiento que de ellas existe. En unos casos hay socios que no mencionan fortaleza alguna; en otros, mencionan muy pocas, cuando para mí ya había sido evidente que tenían más virtudes, incluso antes de que se sentaran frente a mi silla. Ante la pregunta: "¿por qué no mencionas más aspectos que te diferencien en la vida?", recibo por respuesta frases como la siguiente: "no es que carezca de fortalezas, sino que no estoy acostumbrado a hablar de mí; en mi familia me enseñaron que eso era de mala educación". Eso no ayuda mucho desde mi punto de vista. Una cosa es alardear o presumir, como ya lo he dicho; otra, distinta por demás, es reconocer aquello que hacemos bien y que marca la diferencia.

**Que no te dé miedo hablar de ti; que no te dé miedo mostrarle al mundo que tú puedes ser la fuente para solucionarles problemas; que no te dé miedo "venderte" y mostrar de qué estás hecho; si tú que te conoces no lo haces, ¿quién lo hará?**

Químicamente, ¿cómo he manejado el tema del miedo? ¡Subiendo la testosterona! Así como lo lees. Como ya fuera citado, "la testosterona es la química del guerrero". ¿Y cómo hago eso? He aquí mi receta: primero, mejores horas de sueño; no más horas, mejores horas. Sueño continuo y combinado con lo que ya cité: una buena alimentación, rica en agua, frutas y verduras; y más meditación y deporte. Segundo, mejores finanzas, más ambición y metas más grandes. Tan grandes, que solo hablar de ellas ya te produzca adrenalina. Tercero, más color rojo en tu vestuario. No estoy inventando nada porque a mí me funciona. Esto está probado, no es una teoría de mi autoría, ni forma parte de un truco de magia.

## Cuidado con las obligaciones que te impones

No te pongas demasiada presión a cuestas al momento de invertir. Conozco a personas que tras invertir mil dólares por Internet en los mercados financieros, dicen cosas como estas: "con este dinero sacaré adelante a mi familia" y, acto seguido, le dan la bendición a la computadora. Al margen de cómo evolucione tu inversión, esa no es una postura muy favorable, pues además de la presión que entraña, condiciona tu buen accionar como inversionista. Son ese tipo de personas las que ante cualquier movimiento en su contra, en el precio de una acción o divisa, salen despavoridas a vender para no perder más, solo para comprobar, minutos más tarde, que el precio volvió a subir. Una persona primero debe capacitarse y luego invertir, no al revés; segundo, siempre que vayas a invertir practica primero en una cuenta de prueba; tercero, nunca, subrayo, nunca, inviertas dinero real sin haber tenido resultados favorables en una cuenta de prueba, ya sea invirtiendo por ti mismo o por medio de la ayuda de personas o robots que negocien por ti, conocidos como proveedores de señales en el argot de las inversiones por Internet.

## Crece como persona

Cuando creces como persona los miedos se ven más pequeños. Supongamos que sientes que has logrado convertirte en el 60% de lo que quieres ser, que has avanzado, pero aún te falta. Con ese 60% que tienes de camino recorrido, y que incluye conocimientos, experiencias, sentimientos, inteligencia emocional y espiritualidad, ves un problema o miedo de una manera y le asignas un grado de importancia; un miedo grande, mediano o insignificante. Cuando vayas por un 80%, el miedo ya lo verás de otra manera. Y mucho cuidado con lo siguiente: aumentar el porcentaje no equivale a decir que debes esperar a tener 70 u 80 años para lograrlo. Hay jóvenes con la madurez de una persona de mayor edad, y viceversa. Ni tampoco se trata de crear un algoritmo que nos diga exactamente en qué porcentaje vamos, siendo ello algo tan relativo. Lo que te quiero decir es esto, con base en mi experiencia de vida: crece, siente que das saltos cuánticos, juzga menos, escucha más, sonríe con más frecuencia, abraza a menudo, aprovecha las virtudes de los demás, y pasará algo mágico: los miedos los empezarás a ver de manera distinta. Ya no estará lo que te atormentaba; lo que te producía terror será motivo de risa. Iré más lejos. Empezarás a sentir que necesitas más miedos para progresar. ¡Guau! Así como lo lees. Te apalancarás con tus miedos; los verás como trampolines de éxito; excusas para volar, crecer y vencer a tu voz limitante.

## ¿Quiénes te rodean?

Una señora que realizó el Seminario de Inversiones por Internet me dijo en cierta ocasión: "Juan Diego, tu seminario me encanta de 6 a 10 de la noche, pero después de las 10 de la noche, no me va tan bien". ¿Cómo que después de las 10 no te va tan bien? "Sí, cuando llego a mi casa, mi esposo, que le tiene miedo a todo, me dice cosas como: 'Cuidado y pierdes la plata, cuidado y te estafan, cuidado esto, cuidado lo otro'". Y le pregunté a la señora: ¿y qué plan B te propone tu esposo entonces? "Ninguno", me dijo. Lo supuse; ese tipo de personas no proponen un plan B. Solamente se dedican a criticar, vivir con miedo y no a predicar con el ejemplo.

> **Si andas con personas tóxicas en eso te conviertes; si solo andas con pobres en eso te conviertes; si andas con miedosos, así seguirás.**

Esto lo ves a diario; el débil necesita muchas veces que lo validen. El que se queja mucho requiere de alguien que lo consienta, que contemporice con él, que le tenga lástima y que le hable de enfermedades; si se le cuestiona, se le exige o se le desafía para que abandone su posición de lamento y debilidad, verá con malos ojos a quien trate de hacerlo. ¿Por qué la mayoría de personas pobres se casan con otras igualmente pobres? Porque necesitan seguir en la "zona de confort". ¿O es que acaso tú crees que simplemente lo hacen porque no pudieron asistir a las universidades que asistieron los ricos, y que, en tal virtud, no conocieron a nadie con una mejor posición social? No lo creas. Así hubiesen conocido a personas adineradas, habrían pensado que quizá no son para ellos, que algo malo debieron haber hecho para ser ricos, y hasta les incomoda la vida que llevan y lo que sobre la pobreza piensan. Esto no me lo inventé. Solo lo extraje de decenas de conversaciones en las que veo repetirse ese patrón. Hombre miedoso busca a mujer miedosa, con herencia de padres miedosos, ¿cuál crees que será el resultado? Prefiero una pareja con cada integrante arriesgado, o al menos uno de ellos proclive a asumir riesgos; pero dos miedosos tienen un desenlace conocido: pobreza y limitaciones.

Es indispensable que al menos uno impulse la relación; que asuma riesgos, que vaya más allá. Pero, repito, lo usual es que para no incomodarnos busquemos a alguien que valide nuestra conducta. Quien sea capaz de superar ese error, habrá dado un gran paso. Y no lo veas solo con tu pareja. Tenía razón quien afirmó que tus ingresos son similares al promedio de ingresos de tus cinco amigos más cercanos. No busques tus amigos por el capital que tengan; pero, por favor, ¡no todos tienen que ser pobres! En la frase anterior, cambia la palabra "pobres" por miedosos, tóxicos o perezosos. ¿En qué te convertirás? En aquello con lo que convives: en miedoso, tóxico o perezoso.

**Si le tienes tanto miedo al fracaso, aléjate de los fracasados; si le tienes tanto miedo a la depresión, aléjate de los depresivos. Si le tienes tanto miedo al conformismo, aléjate de los**

**conformistas. Ya me entendiste. Tienes una cita con la grandeza; que el miedo no impida que llegues a tiempo a ella.**

"Lo sé, Juan Diego; reconozco que en el pasado e incluso hoy personas tóxicas han hecho más lento mi transitar. Fui criado en la cultura del paso a paso; me dijeron que debía subirse, peldaño por peldaño, la escalera del progreso. Veo ahora que no es así. Es más, en múltiples escenarios y en tus libros has hablado del concepto *Saltos Cuánticos*; de cambios abruptos para desarrollar nuestro talento, acelerar nuestro progreso y que nuestro genio brille. ¿Cómo despertar ese genio para ver los problemas de manera distinta y superar los miedos y verlos pequeños?".

**Desde mi punto de vista, tú puedes dar saltos cuánticos para ver el miedo de manera diferente cuando pasa una de las siguientes tres situaciones: aprendiste mucho de algo, sufriste demasiado con algo, o te cansaste de hacer algo y dijiste ya no más.**

En el primer caso, aprendiste mucho de algo, ese conocimiento intensivo te lleva a producir valor o a convertirte en un referente que genera ingresos altos; en el segundo caso, el sufrimiento te hizo más fuerte, te esculpió como ser humano y te brindó la sabiduría con la que ves en forma distinta la vida, y en el tercer caso, tu nivel de hastío llegó a su culmen, tanto, que ahora le darás un viraje de 180 grados a tu existencia, pues uno menor no alejaría el fantasma de lo que ya viviste. En cualquiera de estos tres casos, no harás nada distinto a frotar la lámpara, para que así brote el genio que todos llevamos dentro.

Ahora bien, que brote el genio no es razón suficiente para que tu cuenta bancaria se infle, y al hacerlo, mitigar tus miedos. Algo más es necesario: llevar a la práctica tu talento, lo que sabes y darlo a conocer a muchos. Hay expertos en postergar lo que deben hacer y con el tiempo tienden a relajarse. Conocen lo que tienen y saben qué les gusta; pero empiezan a buscarlo a lo largo de dos siglos. Y lo peor: siempre encuentran una excusa para no empezar. Eso se conoce como una lenta velocidad de implementación; un atentado contra el genio que ya salió, pero que requiere de mayor determinación. Así, no es de extrañarse que veas a ese tipo de personas autoproclamarse como inteligentes y eruditos, pero sin un solo dólar en su cuenta bancaria. Todos los conocemos. Lo más aberrante de todo, y discúlpenme si digo algo muy fuerte en este punto, pero me empieza a hervir la sangre, es que son esas mismas personas quienes teniéndolo todo para avanzar y comerse el mundo terminan viviendo de la caridad y pidiéndote dinero; culpando al gobierno, a la suerte, al clima, al gato del vecino o al perro que no ladra, de su desgracia. Son los reyes de la teoría; saben mucho, pero se encuentran sobregirados con su banco constantemente. En el fondo, temen brillar; mataron al tigre descubriendo su talento, y se asustaron con la piel del animal, sin ponerlo al servicio de los demás. Abre tus ojos que los tienes cerca, y si te descuidas, terminarás trabajando para ellos, o como alguien de manera cruda me dijera en cierta ocasión, y a propósito de un par de familiares suyos que debía ayudar a sostener: "están viviendo de puros ingresos pasivos; los mismos que mi sudor produjo".

## Más seguridad en ti mismo

A mayor seguridad en ti mismo, a mayor autoconfianza, más seguridad de lograr lo que te propones. Hay personas que no se la creen, como se dice popularmente; carecen de fe en sí mismas. Personas con muchas capacidades, pero a las que subestimaron siendo niños y a las que lastimaron diciéndoles cosas como: "tú no sirves para nada; siempre haces las cosas mal; eso no te va a funcionar", palabras que fueron dejando huella en su personalidad. Qué bueno decirles entonces a todas ellas que es posible divorciarse de esa historia; de esas palabras que tanto dolieron, e incluso, "construir un imperio con las piedras que les lanzaron". Que tú seas el éxito ambulante; que desde que te presentes, que desde que hables, que desde tu mirada misma, ya reflejes ese espíritu púrpura, indómito y demoledor.

**"¿Cómo ser exitoso, Juan Diego, si muchas cosas no han funcionado bien en mi vida y eso ha deteriorado mi confianza?". Déjame decirte algo: el problema no son las cosas malas que te hayan pasado en la vida; quizás el problema haya sido lo que has hecho con lo que te ha pasado.**

De nuevo: para una persona, un cáncer es una tragedia; para otra, una experiencia para crecer y convertirse en
alguien más espiritual. Si tantas cosas malas te han pasado, que han minado tu confianza, ¿acaso no eres entonces
alguien con mayor experiencia, fuerza, sabiduría y resis-
tencia? Y si mal no recuerdo, son esas condiciones las que
brindan una mayor confianza en cualquier ser humano. ¿Y
entonces? Te quejas y flagelas por algo que terminó por
beneficiarte. Si ante un problema veo una oportunidad de
crecimiento, habré ganado con cualquier cara de la mo-
neda.

Ejemplos concretos, del día a día, me ayudan a ganar
autoestima y confianza en mí mismo. Pequeñas victorias
diarias, como yo las llamo. Como cuando llegas a una fiesta, y en vez de compartir toda la noche con las personas
que conoces, en la típica zona de confort que adora un
tímido, buscas nuevas caras, nuevas conversaciones, te
presentas y "rompes el hielo". Te incomodas; pero te haces
más grande. Superas el listón de lo seguro, de lo fácil, y te
atreves. Fuiste capaz y tu voz limitante se esfuma. De la
misma manera, si no quieres saludar a alguien, sin razón
aparente; no saludas y "Matilde" está feliz. El menor esfuerzo posible. Mi invitación es hacer lo contrario: saluda
de corazón, véncete a ti mismo. ¿Y "Matilde"? La muy co-
barde habrá desaparecido. Felicítate; date un abrazo, una
palmada en el hombro, celebra esa pequeña victoria. Una
suma de ellas te envía a la cumbre. Algo me quedó muy
claro cuando estudié negocios en Harvard: "la mayor ne-
gociación de tu vida es contigo mismo". No hay mayor rival a vencer.

Si hay un papel en el que se haya dicho que no te mereces lo mejor, y que solo naciste para sobrevivir, mi invitación es contundente: rompe ese papel y construye un nuevo destino. Así como lo lees. Nadie, léelo bien, nadie, y menos una vaca blanca, anodina y digna de olvido, tiene la suficiente importancia como para influir en ti, a tal punto que no te creas todo lo bueno que tienes en tu ser; y todo lo bueno que está por llegar.

> **Si has sido condenado por muchos a ser un don nadie, si todas las posibilidades están en tu contra, tú solo asegúrate de ser el milagro.**

Fascinación es la palabra que mejor resume lo que siento cuando asisto al progreso de muchos en los que no creyeron, muchos de los que fueron objetos de *bullying* o acoso; de muchos a los que despreciaron por "inservibles" en su casa. Su causa es la mía; su felicidad, al sortear cuanto tropiezo fue posible, es la mía. ¿Qué reencarnación de Nostradamus dijo que no podrías brillar, ni morir como diamante?

Tú solo te convertirías en aquel que tienes en tu cabeza. Visualízate en los mejores escenarios, haciendo las mejores obras, viviendo los mejores momentos de felicidad intensa. Y trabaja por ello. ¿Sabes qué ocurrirá? Lo que era de esperarse. Lo volviste una realidad. Tu mundo interior creó tu mundo exterior. No hay nada que inspire más a una vaca púrpura que tres palabras: "Tú no puedes". Ya veremos, ya veremos, dirás. La incredulidad es el combustible de quienes nacimos para brillar, nuestro principal alimento. Sin la incredulidad la vida sería aburrida; la incredulidad y el "tú no puedes" son expresiones que nacieron para ser derrotadas.

Ya decíamos que tú nunca serás tú mientras no te dediques a hacer lo que mejor haces. Si dedicas tu tiempo a actividades que te vienen bien, que disfrutas y en las que te destacas, tus resultados serán buenos y tu autoestima crecerá. La mayoría muere pobre porque en vida se dedicó a realizar tareas para las cuales no eran buenos, y que solo realizaron por la aparente seguridad que suponía tener un empleo. No obstante, ya sabemos cómo terminarán sus días: como carbón, dependiendo de una pensión o de los buenos samaritanos que les ayuden. Lo cierto fue que tuvieron miedo; les faltaron agallas para ir por una vida extraordinaria. Evitaron la presión. ¿Qué autoestima alta podrá tener alguien si no ve la hora de que se acabe su jornada laboral? Y lo más triste, así llevan años. ¿Qué autoestima tendrán aquellos que se prepararon durante mucho tiempo para hacer algo, si luego ven que por temor, por no atreverse, terminan haciendo algo diferente y que no disfrutan? ¿Qué autoestima van a tener los que sufren del síndrome del domingo por la tarde, y que ven con pánico la llegada del día lunes? Y cuidado, no es un tema de dinero o altos ingresos el que nos ocupa. Es un tema de pasión, de amor por lo que hacemos. Hay personas que ganan mucho dinero (o creen ganarlo) y tienen autoestima baja. Y es que cómo podría ser alta si mientras creen ganar mucho dinero, se la pasan montados en un avión, o de reunión en reunión, y ven poco a su familia. Que nuestro propósito de vida sea entonces tan importante que supere la vida misma. Cuando tu para qué o propósito de vida es la principal razón de tu exis-

SUPERA TUS MIEDOS Y OBTÉN TUS RIQUEZAS   235

tencia, sí que te llenas de seguridad; sí que te llenas de autoconfianza.

## No pretendas hacerlo todo

Un fascinante video, llamado *La parábola del pescador*, que está disponible en YouTube, lo resume mejor que cualquiera.

Las cosas de la vida se entienden mejor cuando las hacemos una fábula o un cuento. No importa si somos muy jóvenes o no tanto, los cuentos y las historias nos siguen gustando.

Esta es la historia de Eugenio el pescador, jovial, responsable y muy trabajador. Cada mañana Eugenio va temprano, se sube a la roca con la caña en la mano; con toda paciencia pesca que te pesca, la pesca del día de a poco colecta. Qué bien que Eugenio sepa tanto de pesca, en casa nunca falta la buena trucha fresca.

Por años y años Eugenio ha trabajado, y así, día a día, el tiempo va pasando. Con la pesca del día le va bastante bien, mas si un día no pesca, no hay nada que comer. "Tengo que hacer algo", se dijo un día aquel y así, piensa que piensa, se le ocurrió una red. Una gran red de pesca que atraiga muchos peces, un tanto para casa y un tanto de reserva; y así, sin muchas vueltas, Eugenio hizo una red, la teje cuidadoso y la va haciendo crecer. Al poco tiempo se nota el resultado, las redes de Eugenio se llenan de pescado; la empresa va creciendo y tiene hasta asociados, que ganan cada día vendiendo en los mercados.

Eugenio sigue pescando, pues le gusta su oficio, pero ahora usa la red que le aporta beneficio. Las redes de Eugenio se han vuelto un gran negocio que crece sin cesar generando un patrimonio.

*Una moraleja en esta historia debe haber, observa con cuidado y también la vas a ver: si pescas con cañas, tú vas a comer; si pescas con red, además de vender empresario vas a ser, y eso se llama multinivel.*

*Aquí termina ya la historia de Eugenio, empieza ya la tuya que no te falta ingenio.*

*Fácil, escoge entre la caña o la red. Con la caña no delegas, todo lo quieres hacer; con la red sí delegas, y tus ingresos verás crecer. ¡Ya se me pegó el espíritu de la fábula!*

## Mi único temor

Mi mayor temor es quedarme corto con lo que hago. En ocasiones, piensas que estás haciendo mucho; el tiempo develará que quizá no era tanto. Cuando se inventaron los teléfonos fijos, los discos de vinilo, las cámaras fotográficas, entre muchos otros artículos, sus inventores pensaron que eran la panacea y que tendrían larga o eterna vida. Hoy los vemos obsoletos, lo cual no le resta mérito al invento, faltaba más. Solo que la información que tienes hoy en la cabeza te hace verlos distintos a como fueron vistos en su momento. Con base en ello, mi invitación es clara: nunca pienses que has hecho demasiado y no te detengas por miedo. Ten muy presente esto no solo para hacer más cosas en grande, sino para pensarlas en grande desde su gestación. No pienses solo en escribir un libro; piensa en tener varios *best sellers*. No pienses en clasificar para unos Juegos Olímpicos, piensa en ganar la medalla de oro, o varias medallas, y establecer un récord orbital. Hoy, las gestas de antaño son pulverizadas por nuevos competidores, más preparados y con mayor tecnología; los récords cada vez duran menos, los productos se tornan obsoletos más rápidamente, y aun así creemos estar haciendo mucho. Cuando tú tienes esa filosofía, de que todo es insuficiente (y no se me ha olvidado darle gracias a Dios por lo que tengo), no solo no te conformas con nada, sino que sabes que cualquier cosa que hagas es poco frente a lo que puedes y debes llegar a hacer. Con esa mentalidad, por ejemplo, no tengo temor alguno en salir a un escenario de tres mil personas, pues se que me espera otro de cincuenta mil en un futuro.

Como fanático del futbol, y al margen de que te guste o no ese deporte, sueño con dos eventos púrpuras dentro de un estadio y que bien resumen este punto. El primero, el fin del tradicional grito de ole en la tribuna cuando tu equipo va ganando y juega bien. El ole es una apología del conformismo, pues se trata ni más ni menos de burlarse del rival, sin hacerle más goles; exponiendo a los jugadores de tu equipo preferido a que les den más patadas, debido a la burla a la que se ha sometido al adversario, y a desconcentrar a tu equipo a tal punto que después de muchos oles llegan los goles en contra. Grita mejor: ¡Goles! Así tu equipo vaya ganando 10 a 0.

Tuve la fortuna, tiempo atrás, de ver en vivo un partido del mejor Barcelona de la historia, en la *Champions League*, el torneo de clubes campeones de Europa, contra el Ajax de Ámsterdam. Un recital de futbol encabezado por el argentino Lionel Messi, el brasileño Neymar Junior y el español Andrés Iniesta. La mayor sorpresa no fue el resultado, el triunfo del Barcelona, sino la ausencia absoluta de oles en la tribuna, quizá como muestra de respeto y de ambición al mismo tiempo. El equipo anotaba un gol y de inmediato salían a buscar el siguiente. Mentalidad ganadora, avidez; hambre de gloria en su máxima expresión.

El segundo evento, y en la misma línea, es ver a un jugador de futbol anotar el quinto o sexto gol de su equipo, al mismo tiempo que su rival lleva cero anotaciones. Tras anotar, imagino a ese jugador yendo a sacar el balón de la portería contraria, emprender velozmente una carrera hacia el medio del campo y poner el balón en el círculo central del terreno de juego, como queriéndole decir al rival: "saca rápidamente, que voy por más". ¡Guau!, eso sí que sería púrpura; ese sería mi jugador preferido de por vida. Pero no, cualquiera diría que eso es muy ambicioso, y que es mejor que tras hacer el gol, vaya y celebre con sus compañeros siempre. A lo que replicaría: ¡Pero si eso lo hacen todos no sería púrpura!

No te distraigas con el futbol en este ejemplo; pude haber hablado de otro deporte. La esencia es la que prima: ¡que te dé miedo quedarte corto; pero nunca ir por más! Nada más tóxico que una acumulación de "¿y si lo hubiera hecho?". A continuación te pongo una serie de retos que cumpliéndolos harán que nunca te arrepientas de lo que te faltó por hacer.

## Viaja

Viaja cada vez que quieras (como tendrás libertad financiera, empezarás a hablar así desde ya, con una profunda convicción, en vez de decir "viajaré cuando pueda") a destinos que no solo te permitan disfrutar sino crecer; donde hablen un idioma distinto al tuyo, haya comidas exóticas, personas disímiles, actividades extremas, climas y paisajes variados. Con viajar no me refiero a ir siempre a la misma parte: del hotel a la playa y de la playa al hotel; o de mi casa a la finca y de la finca a mi casa. Vivir joven (a los 26 años) fuera de mi país fue una de las cosas que más me ayudó en la vida; más que aprender otro idioma, me enseñó a valorar lo que tengo, a manejar un presupuesto para que me rindiera el dinero, a administrar la soledad, a esforzarme por hacerme entender en otra lengua y hasta soportar estoicamente problemas de salud, sin un médico de cabecera cerca, como me correspondió hacerlo. Cuando viví esa experiencia, entendí que salir de tu casa es ampliar tu visión de la vida. De las mejores inversiones que puedes hacer, de las actividades más útiles para "botar el capote" (botar el miedo), y convertirte en un ciudadano del mundo; uno de los placeres que más anhelan las personas y que más lamentan no haber vivido cuando ya es quizá demasiado tarde para hacerlo.

## Adiós personas tóxicas

Ten mínima tolerancia con las personas que te rodean y que sientes que te atrasan o minimizan. Si "te toca" estar con ellas un tiempo, por obligación, practica las virtudes que quieres desarrollar, como paciencia, tolerancia y persuasión. Pero no te quedes ahí toda la vida oyendo lamentos, tragedias y problemas. Mira ya, repito, mira ya, examina, a quienes te rodean, y depura la lista. Consigue nuevos amigos, nueva novia o novio, personas que te aporten, que sumen, que te reten, que te confronten con respeto. Esas son joyas que debes preservar si las encuentras. Si las personas tóxicas están en tu casa o en tu cama, ya te dije qué hacer con ellos en los capítulos iniciales: o los involucras y los sumas a tu causa, o que despejen la pista. "Si permaneces en una relación infeliz es porque has decidido ser infeliz". Muy pocos se arrepienten de una relación tóxica que abandonan. Vida solo hay una.

## Haz ejercicio

¿Tienes muchos sueños por cumplir? ¿Muchas cosas por realizar? Qué bueno. Pero más vale que te pongas ya a hacer ejercicio, o de lo contrario no te alcanzará la vida para hacerlo. Te lo dice una persona que fue gran deportista hasta los 25; algo descuidado con una práctica habitual de ejercicio entre los 25 y los 45, y muy deportista, de nuevo, desde esa última edad. Además de la salud, encontré en el ejercicio algo muy interesante que me llevó a practicarlo con más placer: lo empecé a ver como un reto conmigo mismo y también como una forma de liberar energía y poder estar más tranquilo cuando lo necesitaba. Lo mismo que me ocurre al meditar. El reto que cito hace mención a que durante mis prácticas en el gimnasio, con entrenador o no, me exigía a fondo para superar los minutos que le dedicaba a las pesas, a la banda o la elíptica. Me pongo los audífonos, con música electrónica y *rock* de los ochenta y noventa, y santo remedio. Me cuesta parar. Ahora bien, si no haces ejercicio habitualmente porque no te gusta, o no encuentras el reto del que hablo o porque no te relaja, hazlo por tu familia. Visualízate en un par de décadas, con tus venas llenas de colesterol, rodillas que empiezan a flaquear y falto de energía. Tus hijos o nietos te invitan a jugar; tus amigos a caminar; tu esposa te sugiere un viaje a Europa. ¿Qué les vas a decir? Te puedo apostar algo: el ejercicio que hagas o dejes de hacer, desde ya, cambiará las respuestas. Si lo haces, habitualmente y con exigencia, te llevará a una respuesta; la falta de él, a otra.

## Atrévete a cambiar paradigmas
## y cumplir tus sueños

Hoy haces cosas por inercia. Hoy haces cosas porque todo el mundo las hace. Hoy haces cosas porque de no hacerlas qué podrá pensar la gente.

**En un par de décadas, mirarás hacia atrás y lamentarás no haber hecho lo que tú sabías que tarde o temprano se haría, pero que por miedo no te atreviste a hacer.**

Hoy veo a las mujeres practicar el futbol (soccer) como cualquier otro deporte. Déjame decirte que cuando yo era un adolescente las mujeres no jugaban futbol; es más, no era bien visto que lo hicieran. ¿Qué pasó con una mujer que en mi época se abstuvo de jugar y hoy ve el futbol femenino por doquier? Muy tarde para arrepentirse. Quizá se diga a sí misma: "hubiera impulsado a mis compañeras a jugar, a divertirnos, sin importar lo que dijeran los demás". Si *hubiera*. ¿Te suena? Recuerdo a un compañero de mi colegio que en cierta ocasión usó unos tenis rojos, cuyo origen desconozco, y en una época en la que para jugar futbol solo se usaban los de color negro y blanco. No le faltaron críticas y burlas por algo tan raro. No se los volví a ver. Hoy los raros, al menos en el momento de escribir este libro, son los negros y blancos. De haberlos seguido usando, quién sabe si habría impuesto un estilo. Pero como no lo hizo, allí murió su ilusión. La misma ilusión que floreció cuando, por vueltas de la vida, alguien se atrevió a decir: "¿Y por qué no ponerle color a los tenis?". Mira lo que ocurre con algo tan simple. Ahora traslada ese tema a tantas actividades y pensamientos que reclamas, que te gustaría ver, que los consideras justos, necesarios o saludables, y que por miedo no lo haces; solo para ver más tarde, cuando ya no quieres o no puedes, que aquello que querías alguien más sí lo hizo. Hoy vemos a las parejas del mismo sexo caminar y besarse por las calles; al margen de que te guste o no, de que lo compartas o no, lo cierto es que las ves. Años atrás, era impensable, se escondían; eran criticadas y repudiadas por muchos. Imagínate a alguien que habiendo querido expresar su orientación sexual a los cuatro vientos, la que fuere, optó por abstenerse y "comprar paz" con su familia o la sociedad para no ser juzgado. Hoy seguramente se estará flagelando por la falta de agallas que tuvo, máxime si cada día ve a más personas liberarse de las cadenas y vivir su propia vida, sin importar lo que digan los demás. Ocurrió lo mismo con las personas de piel negra que querían juntarse con los blancos y tener sus mismos derechos; con las mujeres que querían trabajar y ocupar los mismos cargos por los que luchaban los hombres; las mujeres que sabían que era justo que las dejaran ejercer su derecho al voto; los hombres y mujeres que sabían que era injusto ser esclavos y vendidos a nuevos amos al mejor postor. Si no estás de acuerdo con algo que creas injusto, lucha por cambiarlo; de no hacerlo, alguien más lo hará por ti. ¿Te da miedo? Recuerda las palabras de Indira Gandhi: "nunca me he puesto a pensar en las consecuencias de un acto necesario". ¿Qué más necesario que vivir tu vida y cumplir tus sueños?

## Lee más

"Leo mucho, Juan Diego"; "me quedo dormido cuando leo"; "no me gusta leer". Frases que oigo todos los días. Si lees mucho, lee aún más, antes de que te empiece a preguntar qué consideras por mucho. Si te quedas dormido, lávate la cara o tómate una bebida energizante o mezcla Coca-Cola con café, así sea por una vez, para evitar el sueño. Pero lee; si no te gusta leer, piensa que te gusta el dinero, las ideas de negocios, hablar bien, tener buena ortografía y hablar de temas interesantes con tu pareja. ¿Sabes qué proporciona todo eso? Sí, la lectura. Ahora ya te gustará leer. No hay diferencia alguna entre una persona que no lee y otra que no sabe leer. Hasta la saciedad diré que las mejores inversiones que he realizado fueron haber comprado buenos libros que me cambiaron la vida. Imagínate: por 20 o 30 dólares adquirir los conocimientos de alguien que ha plasmado toda una vida, toda su experiencia, sus consejos y sabiduría en un papel; eso sí que es barato, eso sí que me ha sido útil; eso sí que me ha dado dinero.

## No te subestimes

NO tengo los ojos azules, NO tengo el peso ideal, NO mido 1.80 m, NO tengo elocuencia al hablar, NO tengo la nariz respingada, NO tengo un papá millonario, etcétera, etcétera. ¿Por qué en vez de empezar con tantos NO, cosas que no tienes, mejor empiezas con más SÍ o cosas que sí tienes? Creemos que a veces no le gustamos a alguien por algo que se nos metió en la cabeza, y con sorpresa descubrimos o que sí le gustamos, o que si no le gustamos no es por lo que creemos, sino por algo diferente. Además, si no le gustamos, ¿cuál es el problema? ¿Tú te imaginas el lío que se armaría en tu vida si le gustaras a todo el mundo? ¿Sabrías el caos que solo en materia de tiempo tendrías? ¿O la cantidad de opciones laborales o parejas que tendrías a tu disposición? ¡Tu vida sería un infierno! Así como lo lees. Tú eres tú; con lo bueno, lo malo y tus intenciones de mejorar. Explota lo que tienes, que a alguien le gustará; y no te flageles con lo malo. Hay mujeres (hombres también) que se hacen múltiples operaciones para verse mejor y "quedar más bonitas". Logran lo contrario en muchas ocasiones; ven su belleza en la silicona y no en la naturalidad. No critico las cirugías; son algo respetable y muchas veces son necesarias y funcionan bien. No soy quien para juzgar. Critico la falta de aceptación y de valoración de sí mismas en muchos casos. No lo confundas con "resignación", que es otra cosa. Uno piensa: ¿y esa mujer tan bonita por qué se quitó esos kilos de más, si le quedaban tan bien? ¿O por qué se puso unos senos tan grandes si los que tenía armonizaban perfectamente con su figura? Lo curioso es que ella pudo haber creído que no conseguía novio o admiradores por esos kilos de más o por esos senos pequeños.

## Sé más expresivo

Hasta hace algún tiempo me costaba dar abrazos, sonreír, decirle te amo a las personas que me rodean. Estoy tratando de cambiar, y no deseo que me llegue la muerte con manifestaciones de cariño acumuladas por entregar. El poder del abrazo, de la sonrisa y de la expresividad en general lo aprendí gracias a la PNL. Es más, tengo ejercicios que desarrollamos en Cero Imposibles, mi programa intensivo en PNL, en los cuales demostramos cómo una persona nunca vuelve a ser igual contigo tras un abrazo púrpura. Es algo mágico; difícil de creer para quien no lo ha vivido. Lo cierto es que si sonríes más, la vida te sonreirá más a ti; si amas más, más amor te darán; y si abrazas más, nunca te faltará energía. No hay nada más demoledor que el arrepentimiento. Que cuando se muera alguien que tú querías, lamentes no haber sido más expresivo con esa persona. No vuelvas a decir: "es que así soy yo", pues como ya lo expliqué, eres solo como quieres ser. Que tus hijos no te reclamen nunca que les faltaron abrazos tuyos. Empieza por casa, y ve más allá. Abraza al saludar, da una palmada en el hombro, úntate de la gente; tú no eres más que la persona a la que saludas, y ya sabes que menos tampoco. ¿Sabes qué se esconde detrás de una persona poco expresiva? Timidez, dureza, resentimiento, falta de amor, soberbia. No querrás nada de lo anterior para tu vida. El abrazo es la medalla; lo que hay antes es el amor, el interés por el otro, la sencillez, la espontaneidad, el afecto; todo eso que te llevó a abrazar. Eso sí lo quieres tener, ¿verdad?

## Siempre pide consejos a personas mayores

Han vivido más que nosotros; tienen más experiencia, criterio y conocimientos. Y torpemente, los hacemos a un lado muchas veces en nuestra vida; a algunos incluso los cansamos y agobiamos. Ya he dicho antes que es una torpeza matemática despreciar los consejos de un "viejo"; equivaldría a desoír los triunfos y fracasos que han acumulado por años, de los que nos pueden enseñar. Balancea tu equipo; los bríos y empuje del joven, con los consejos sabios de personas de mayor edad. Con orgullo he presentado a mis padres, consejeros afortunados, en escenarios de América Latina. Mi padre por ejemplo ha sido asesor tributario y contable por muchos años. He valorado su dedicación y entrega, su prudencia y su mística; ni qué decir de mi madre, a quien le debo mi vena social, el servir e interesarme por la suerte de los demás. Ayudarle al que menos tiene. No desprecies a los "viejos"; agradece lo que han hecho e invítalos a seguir soñando; nos los jubiles prematuramente. Mi padre bordea los 80 en el momento de escribir este libro y sigue trabajando. Y a esa edad, y como lo he manifestado ya, aspiro a tener más energía que pensión para también seguirlo haciendo.

## Ayuda a los demás a cumplir sus sueños

La palabra que más pronuncias al día es YO, seguida por MÍ; "Yo soy...", "Lo mismo me pasa a mí..."; nos creemos el centro del universo. Basta solo que alguien te empiece a hablar, para que tú, sin dejarlo terminar, ya quieras contarle que lo mismo te pasa a ti, o cómo te parece a ti o qué harías tú. Para, por favor. Escucha al otro; ponte en sus zapatos; no lo interrumpas, y sin juzgarlo, dile lo que piensas si es una opinión lo que te pide. Cuando aprendemos a escuchar mejor, sabemos qué necesita la gente, y al saberlo, encontraremos qué darle. Ayudar a cumplir los sueños de los demás alimenta mi propio sueño. No se trata de renunciar a tus sueños, se trata de escuchar los de los demás y, por qué no, contribuir con sus logros. Deja que te los cuenten entonces. Empieza por eso, por algo tan simple como dejarlos hablar, ¡y terminar!

## Clónate

Pocos en su lecho de muerte se lamentan por no haber trabajado más. Sí lo hacen muchos por no haberle dedicado más tiempo a su familia o haber renunciado a los sueños que tuvieron desde que eran niños. Trabajar duro es importante, pero en algún momento alguien debe trabajar más duro que tú. Ese alguien tiene un nombre: dinero y tecnología. Que el dinero te dé intereses o renta, en cualquier forma en la que ese dinero esté expresado, y que la tecnología permita clonarte. Lo que sepas, hagas o hayas vivido, súbelo en Internet para que mucha gente lo vea y te paguen por ello. Como tantas veces lo he dicho: es una torpeza financiera pretender que toda la generación de ingresos depende de tu actividad física. ¿Qué pasa si te enfermas? ¿Qué ocurre si te quieres ir de vacaciones o disfrutar de un año sabático? Pues que no podrás hacerlo, o si lo haces, será pensando en lo que estás dejando de percibir por no estar frente al tablero, al quirófano, al volante o en un juzgado. Esa no es vida. Más temprano que tarde querrás bajar el ritmo de trabajo o, como mínimo, hacerlo de otra manera; sin cumplir con un horario o sin tener que responderle o darle cuentas a un jefe que quizá poco admiras.

## Medita y aliméntate mejor

Tuve que ver a Anthony Robbins en vivo, en un evento en Estados Unidos, a sus 56 años en ese momento, con toda la energía del mundo, hablando doce horas de manera consecutiva, con una dosis mínima de agua y descanso, para darme cuenta de la importancia de la meditación y la alimentación. ¿Cómo es posible que este hombre aguante tanto en un escenario? Me preguntaba. A partir de ahí empecé a meditar más y alimentarme mejor; menos grasas, más agua, frutas y verduras; almendras y vitaminas; deporte como mínimo tres veces a la semana y dos jornadas de meditación diaria de cinco minutos con música zen y concentrado en mi respiración. Aquietar el espíritu. Estar más consciente del estado en el que estoy para poder discernir mejor y tener la tranquilidad suficiente para no reaccionar de manera impulsiva, sino más bien poder escoger la reacción que "pide la jugada". Me sigo comiendo alguna hamburguesa de vez en cuando y continúo haciendo y disfrutando de hacer asados, de tomarme un café y una Coca-Cola, y de manera ocasional, saboreando unas buenas copas de vino o un buen *whisky*. Claro que lo hago, y respeto a quien no lo haga o no lo apruebe. Lo importante es que ya me alimento con más moderación y, ante todo, soy consciente de lo que ingresa a mi cuerpo, cosa que no hacía antes.

## Conoce a más personas

Solemos estar cómodos en nuestra zona de confort, y eso incluye a los mismos amigos que conocemos de tiempo atrás, con los que nos reunimos cada semana y con los que muchas veces hacemos lo mismo de cada semana. Conoce gente nueva, en eventos nuevos o por Internet; oxigena tus puntos de vista con personas nuevas que te aporten algo. Las redes sociales son una poderosa fuente para expandir tu red de contactos, alianzas y negocios. Cultiva en tus hijos la importancia de las relaciones, de conseguir amigos, de llamarlos en sus cumpleaños, de alternar las visitas; hoy en una casa, la otra semana en otra; escribir y mantener el contacto con las personas que conociste en un viaje al extanjero; identificar y alimentar puntos e intereses comunes. No hay nada más importante que la inteligencia emocional. Vuélvelo a leer.

## Desafíos y retos para progresar

Si luego de leer este libro, la vida nos pone frente a frente, y tú me dices que sigues paralizado, en virtud de los miedos que posees, yo seré inclemente y te interpelaré. Detente; tu falta de progreso no se debe al tamaño de tu miedo; se debe al tamaño de tu motivación. Quizá tus motivaciones son tan bajas, que tus miedos se fueron adueñando de tu vida. Sin tocar el miedo, léelo bien, sin solo tocarlo, lo harás más pequeño teniendo una motivación más grande al lado.

> **Las cosas en la vida no llegan cuando uno las quiere; llegan cuando uno las necesita. Quizá necesites motivaciones más grandes para que el miedo no cuente.**

"Juan Diego, necesito más retos, necesito medir mi progreso, qué hago". Aquí va otro reto: cambia tu observador. Como ya me habrás oído decir, para unas personas la palabra cáncer se asocia con enfermedad, tragedia, muerte, quimioterapia; para otras, la palabra cáncer se asocia con reto a vencer, sanación espiritual y oportunidad de crecimiento. ¿Por qué dos respuestas distintas ante un mismo término? El observador de una persona es distinto al de la otra. ¿Cuál es el tuyo? Así como una enfermedad se ve diferente, mil cosas más pueden verse diferentes. Todavía recuerdo la cara de sorpresa de quien me pidió que le recomendara un buen libro de inversiones. Lee el libro *Cómo ganar amigos e influir en las personas*, de Dale Carnegie, le dije. "Te pregunté, Juan Diego, por un libro de inversiones". Sí, te oí bien, y el mejor libro de inversiones que he leído fue el que te cité. ¿O es que acaso no te parece la mejor inversión de tu vida tener una mejor inteligencia emocional, despojarte de la gran facilidad que tenemos para juzgar a los demás, entender por qué las personas hacen lo que hacen o se comportan como se comportan? Eso sí que es una buena inversión, estimado amigo. Mucho más que una acción, divisa o departamento por comprar.

Llego al final de este libro con la esperanza de que todo lo que consideres útil lo apliques, y con la tranquilidad interior de no haberme ahorrado nada en estas páginas. Solo quiero que recuerdes algo: ¡para qué caminar, si puedes volar!

Hasta que nos conozcamos.